La projection

À chacun son film…

Groupe Eyrolles
61, bd Saint-Germain
75240 Paris cedex 05

www.editions-eyrolles.com

Du même auteur :
Couper le cordon – Guérir de nos dépendances affectives,
Eyrolles, 2005.
Entre mère et fils – Une histoire d'amour et de désir, Eyrolles, 2008.
Face à l'anorexie – Le visible et l'invisible, Eyrolles, 2008.

Avec Thalie Amossé :
À chacun son poids – Se sentir bien quels que soient les kilos,
Eyrolles, 2008.

© Groupe Eyrolles, 2009
ISBN : 978-2-212-54315-5

LES MOTS DE LA PSYCHANALYSE

Virginie Megglé

La projection

À chacun son film…

EYROLLES

Merci à Juliet Mitchell, dont l'ombre bienveillante m'a accompagnée durant la rédaction de cet ouvrage et dont le travail remarquable de recherche et d'écriture en psychanalyse m'encourage à m'adresser à un large public, afin qu'il bénéficie à son tour des avancées et des progrès qu'autorise la découverte de l'inconscient.

Sommaire

Introduction

Quiconque possède quelque chose de précieux et de fragile à la fois craint l'envie des autres, projetant sur ceux-ci celle qu'à leur place il aurait éprouvée. C'est par le regard qu'on trahit de tels émois, même lorsqu'on s'interdit de les exprimer en paroles, et quand quelqu'un se fait remarquer par quelque manifestation frappante, surtout de caractère déplaisant, on est prêt à supposer que son envie devra atteindre une force particulière, et que cette force sera capable de se transformer en actes. On suspecte là une sourde intention de nuire et on admet, d'après certains indices, qu'elle dispose en outre d'un pouvoir nocif.

S. Freud, *L'inquiétante étrangeté*

« Tu as vu comment elle nous regardait ? C'est fou ce qu'elle a l'air de se méfier de nous... dit Zoé, à peine la porte refermée.

– Qu'est-ce que tu racontes ? rétorque Norbert. Moi je l'ai trouvée super-sympa. Mais dire qu'elle fait tout à pied, ça me fait presque pitié ! Et pourtant, quel courage !

– Moi, je me demande comment elle peut vivre dans ce trou, intervient Lila. Ce qu'elle doit s'ennuyer, la pauvre...

– Tu dis n'importe quoi ! Tu ne te rends pas compte de la qualité du silence ici ! Moi, j'adorerais être à sa place... Quelle paix ! » soupire Norbert.

Zoé, Norbert et Lila parlent tous trois de Prune qui, visible-
ment, n'inspire pas à chacun les mêmes sentiments. De son
côté, la jeune femme ignore ce qu'ils disent à son sujet. Il est
d'ailleurs fort probable qu'elle ne se reconnaîtrait pas dans
leurs propos :

- certes, elle est un peu farouche, mais c'est par timidité et
  non par méfiance, comme le suppose Zoé, qu'elle ne se
  montre pas plus volubile ;

- elle serait étonnée que Norbert lui prête du courage, car
  elle adore la marche. Se dépenser physiquement est pour
  elle en effet une nécessité vitale : sans ses deux kilomè-
  tres quotidiens, elle dépérirait ;

- enfin, contrairement à ce que s'imagine Lila, elle est loin
  de s'ennuyer dans sa jolie chaumière ! Après un séjour de
  six mois dans la capitale, elle n'a eu qu'un seul désir :
  rentrer très vite dans sa campagne natale. La qualité du
  silence en effet, mais aussi celle de la lumière et la pureté
  de l'air lui sont indispensables.

Prune n'est pour Lila, Norbert et Zoé que prétexte à exprimer des impressions très personnelles. Ce qu'ils disent d'elle
est étranger à ce qu'elle ressent, c'est une pure construction
de leur imagination. En effet, tous trois projettent sur elle
les sensations et les émotions qui se ravivent en eux à son
contact. Il est ainsi probable que Lila s'ennuierait à la place
de la jeune femme, que Norbert manquerait de courage
pour aller chercher du beurre au supermarché d'à côté sans
sa moto, et que le naturel méfiant de Zoé l'incite à penser
que Prune les regarde bizarrement.

Nous pouvons concevoir qu'une star inaccessible soit, à l'instar de Prune, le support (et la cible) de toutes sortes de projections, incarnant les qualités et les défauts que nous lui prêtons de loin à son insu. Pour certains, ce phénomène semble évident sitôt révélé ; pour d'autres, il sera tiré par les cheveux. Dans l'esprit de ces derniers, la star existe telle qu'ils la voient : il ne fait pas l'ombre d'un doute qu'elle pense et se comporte telle qu'ils l'imaginent, eux et seulement eux. Si on la prétend autrement, ils se ferment ou se moquent, se froissent, se hérissent ou deviennent dédaigneux ! Persuadés contre vents et marées que leur vision est juste, ils ne peuvent admettre que ce qu'ils voient ne corresponde pas à une réalité objective universelle. En effet, ils n'ont pas conscience de leurs projections, auxquelles ils croient comme si elles existaient indépendamment d'eux.

Que nous le reconnaissions ou que nous l'ignorions, la projection n'a de cesse de s'infiltrer dans nos relations quotidiennes. On la retrouve par exemple dans une expression que la plupart d'entre nous ont entendue, si ce n'est employée, au moins une fois dans l'enfance : « C'est celui qui le dit qui y est ! » En effet, qu'un enfant en traite un autre de « jaloux » ou de « méchant », et ce dernier, s'il n'est pas inhibé, pensera à juste titre que le reproche dont il est la cible concerne en fait celui qui l'a émis. Par conséquent, il le lui renvoie : « Idiot ? Moi ? C'est celui qui le dit qui y est ! »

Si le phénomène qui détermine une projection est complexe, le terme en lui-même ne fait pas mystère, et nous l'utilisons spontanément en de multiples occasions.

L'un des premiers sens qui vient à l'esprit correspond à la projection d'un film sur un écran. Il illustre bien le processus propre à toute projection, c'est-à-dire le *mouvement qui consiste à déplacer une image d'un point à un autre*. Nous avons tous aussi entendu parler de projections en mathématiques, pour avoir étudié ces opérations au collège, même si, la plupart du temps, seul le souvenir du mot est resté gravé dans nos mémoires. La projection de notre ombre sur le sol nous amuse ou nous intrigue, et nous n'ignorons rien des projections d'eau, de pierres, d'étincelles ou d'éclats de verre. Les projections démographiques, pour quantifier les populations, ne nous sont pas tout à fait inconnues et celles dans l'avenir – surtout s'il s'agit de prévoir des vacances – nous sont coutumières. Enfin, avec la science-fiction, nous nous projetons aussi dans le futur. Il sert alors d'écran à nos angoisses et à nos désirs, et nous permet d'imaginer ce que pourrait être notre mode de vie dans un siècle, ou pourquoi pas un millénaire.

Ainsi, le terme *projection* existait dans bien des domaines, y compris, comme nous le verrons, en psychologie, avant que la psychanalyse ne l'adopte pour l'enrichir, le connoter de nuances spécifiques et en forger le concept sur lequel nous allons nous pencher dans cet ouvrage.

Partie 1

Du comptoir au divan

De la même famille que *jet*, *rejet*, *projet*, *déjection*, *projectile* ou encore *projectif*, le verbe *projeter*, à partir duquel a été créé le mot *projection*, dérive directement du verbe latin *jactar*[1], « jeter », auquel a été ajouté le préfixe *pro*, « en avant ». *Pro-jeter* désigne ainsi à l'origine « jeter en avant », avec force. La *projection* est donc l'action par laquelle s'opère le *déplacement* d'un objet d'un point à un autre en un mouvement vif.

Cette vivacité induite par la racine du mot est évidente lorsqu'il s'agit de projeter un objet concret, telle une pierre. Le geste, alors rapide, véhicule même une certaine violence. Lorsqu'il est question de projeter des idées ou des senti-

---

1. *Jactar* se reconnaît plus facilement dans le mot *projection* ou *projectile* que dans *projet*.

ments, la vivacité se traduit dans l'ardeur qui en général sous-tend leur expression. En effet, nous ne projetons pas de prendre une année sabbatique pour faire le tour du monde ni de nous marier sans y mettre du cœur !

En matière de cinéma, cette vivacité réside dans la puissance de la lumière nécessaire à la projection sur un écran d'images enregistrées auparavant. Elle se devine également dans le désir forcément intense qui préside à la réalisation de toute œuvre d'art. Ainsi le réalisateur d'un film a-t-il d'abord conçu et porté *en lui* des images, et c'est bien parce qu'il a été très fortement mû par le désir de les transformer en film que celui-ci existe *projeté en dehors de lui*. Les images que nous observons sur l'écran proviennent d'abord d'un autre lieu, et le voyage qui les a menées d'un point à l'autre leur a fait subir de multiples transformations, même si le cinéaste se reconnaît encore à travers elles. En un sens, l'œuvre d'art est la projection du monde intérieur de son auteur : la peinture est ainsi pour l'artiste un moyen d'exprimer *en dehors de lui* des images conçues *à l'intérieur.*

Nous projetons toujours sur une cible ou un écran, qu'il soit abstrait ou concret, réel ou imaginaire, visible ou invisible. Qu'est-ce qu'un écran ? C'est aussi bien un panneau destiné à protéger de l'ardeur trop vive d'un foyer[1] qu'une surface sur laquelle se reproduit l'image d'un objet.

Cette image, nous l'avons vu, peut être cinématographique. Elle peut aussi être d'une tout autre nature : mentale ou sentimentale, consciente ou issue de l'inconscient et alors

---

1. Sens que l'on retrouve dans l'*écran solaire*, même en crème !

invisible, impalpable, imperceptible aux cinq sens mais pourtant réelle… Par exemple, quand une personne nous fait penser à une autre, c'est que nous projetons sur elle des images, sans même le savoir. Nous n'avons ni l'occasion ni le temps de nous dire : « Cette personne me fait penser à une autre. » C'est « malgré nous » que l'image d'une autre personne s'impose à nous, par l'intermédiaire de celle que nous voyons. Cette dernière, présente dans notre champ de vision, nous sert donc d'écran pour projeter les images mentales que son apparition provoque en nous. Elle nous communique des sentiments ou réveille des fantasmes ; ce sont eux que nous projetons, et qui en même temps s'interposent pour faire écran entre elle et nous. Ce processus *a priori* insaisissable – c'est pourquoi nous avons tendance, dans un premier temps, à le nier – est pourtant bien réel.

Ainsi, malgré elle et le plus souvent à son insu – à l'instar de Prune –, la personne sur qui nous projetons tient lieu d'écran dans les deux sens du terme :

- elle fait office de réceptacle pour les sentiments projetés sur elle ;
- elle sert aussi à (nous) dissimuler le plus souvent ces mêmes sentiments.

Enfin, elle peut également être atteinte (de manière positive ou négative) par l'effet de certaines projections.

La projection en psychologie

En psychologie, le sens du terme *projection* commence à s'approcher de celui qu'il prendra en psychanalyse. On l'utilise dans ce domaine quand une personne réagit non seulement à partir de ses propres perceptions, mais surtout en fonction de ses intérêts, de ses attentes, de ses désirs et de son état affectif.

- « Cette affaire est très intéressante », s'exclame Nelly, à qui l'on propose cinq kilos de pêches pour le prix d'un seul. Elle a trois enfants et s'imagine aussitôt en train de préparer de la confiture durant le week-end, dans sa maison de campagne. Pour Inès, célibataire, cette proposition n'a aucun intérêt. Elle ne saurait que faire d'autant de fruits dans son studio parisien !

- À l'annonce du départ de son père, Léo voit la vie en rose, tandis que l'horizon de son cadet s'assombrit. Ce dernier sait en effet que dès que leur père s'absente, il devient le bouc émissaire de son aîné qui joue au « père-sécuteur ».

Un éclairage différent est attribué au même objet (les pêches ou l'absence du père) selon la vision (sentimentale, affective, émotionnelle) de celui qui projette. De même, on sait bien que la pluie est une source de réjouissance pour le maraîcher après une période de sécheresse, tandis que le vacancier qui attend le soleil depuis un an s'en désolera.

© Groupe Eyrolles

La notion de *déplacement* évoquée précédemment pour la projection est bien présente en psychologie. En effet, lorsque quelqu'un éveille en nous des sentiments semblables à ceux éprouvés durant notre enfance, devant un instituteur par exemple, nous aurons tendance à projeter les traits de ce maître sur cette personne, c'est-à-dire à les *déplacer* de l'un à l'autre.

- Julien dit adorer son professeur de français. Il vénère en réalité à travers cet homme l'oncle qui l'a sauvé de la noyade quand il avait cinq ans, car le premier présente de nombreuses ressemblances avec le second lorsqu'il était plus jeune.

- Enfant, Igor était terrorisé par son père. Devenu adulte, il est envahi par la peur dès qu'il entre dans le bureau de son patron, car la moustache de son supérieur lui rappelle celle de son père. Il craint en permanence que son patron le semonce à l'instar de ce dernier.

Julien confond son professeur et son oncle ; Igor, son patron et son père. L'un et l'autre projettent, sous l'emprise de leurs sensations et de leur état affectif, l'image du second sur le premier.

En pratique, la notion de projection est utile au psychologue, pour l'observation de dessins d'enfants qui présentent des difficultés d'adaptation à l'école, par exemple. Leurs « œuvres » étant considérées comme des projections de leur monde intérieur, on peut en partie accéder à celui-ci en les interprétant. À travers un dessin, l'enfant révèle sa personnalité tandis que le psychologue à son tour projette son interprétation. Autant dire que la tâche est rude pour ce dernier et implique une formation spécifique, car il ne doit pas confondre son univers intérieur et celui de l'enfant.

Enfin, il existe aussi des *tests projectifs* qui aident à comprendre les difficultés d'un enfant grâce à des grilles d'interprétation. Ces dernières permettent de décoder, selon des règles précises, « certains traits de caractère et certains systèmes d'organisation de sa conduite et de ses émotions[1] ».

Le langage courant s'est spontanément emparé de la projection telle qu'elle est définie en psychologie. C'est en ce sens que nous pouvons dire que Lila, Norbert et Zoé projettent chacun sur Prune des images mentales en fonction de ce qu'ils ressentent personnellement.

De même, c'est avec cette connotation qu'il nous arrive d'utiliser ce terme pour pointer un phénomène d'imagination qui ne nous semble pas correspondre à la réalité.

Quand Vanessa s'exclame que Victor est « vraiment canon » et qu'il est sûrement amoureux de Julie, à qui elle parle, celle-ci lui rétorque sans détour : « Mais tu projettes complètement, ma pauvre, c'est toi qui es amoureuse de lui ! » Sans doute Julie n'a-t-elle pas tort, elle qui observe silencieusement les manœuvres de Vanessa pour séduire le jeune homme.

Attention cependant à ne pas préjuger à la place de l'autre du sens de sa projection, même quand il semble évident. L'interprétation doit être maniée avec tact, d'autant plus que les apparences d'une projection sont souvent trompeuses.

© Groupe Eyrolles

---

1. LAPLANCHE J. et PONTALIS J.-B., *Vocabulaire de la psychanalyse*.

La projection en psychanalyse : quelques nuances d'importance

En psychanalyse, la projection s'avère plus complexe. Elle consiste à se débarrasser, en les localisant sur l'autre, de sentiments, d'émotions et de pulsions essentiellement pénibles, enfouis dans l'inconscient (parce qu'ils sont désagréables ou pressentis comme préjudiciables) et que nous nous employons à nier.

La projection prend alors des chemins détournés afin que ces manifestations intimes ne transparaissent pas. En effet, nous en sommes peu fiers, et nous ne souhaitons pas les révéler, de crainte qu'elles ne donnent une mauvaise image de nous ou ne nous mettent (une fois de plus) en difficulté. Le phénomène subit donc des distorsions subtiles qui le rendent méconnaissable[1].

Le moins que l'on puisse dire, c'est que la projection telle qu'elle est conçue en psychanalyse ne saute pas aux yeux ! D'une part, nous ne repérons pas à première vue les projections des autres, car elles se forment, agissent – et parfois même sévissent – au niveau de l'inconscient, ne surgissant

---

1. Ces distorsions peuvent être comparées à celles que subit l'image mentale du cinéaste avant d'être projetée dans une salle obscure.

que travesties. D'autre part, nous avons tous tendance à fuir les nôtres. C'est ce qui se dit, ce qui se trame, ce qui se passe et se travaille en séance lors d'une psychanalyse qui permet peu à peu d'en prendre conscience.

Lorsque Norbert disait avoir pitié de Prune parce qu'elle faisait tout à pied, il ignorait que la marche était pour elle une source de joie. Il ne pouvait en effet savoir ce qui se passait dans sa tête. Il eût été plus exact qu'il dise : « À sa place, je me sentirais pitoyable. Moi, sans ma moto, je ne suis rien. » Toutefois, évoquer Prune lui permet de parler indirectement de lui. N'étant pas à la place de la jeune femme, il interprète la vision qu'il a d'elle. Cette interprétation est subjective, bien que prononcée sur un ton assuré et objectif.

En réalité, la vision de Prune en train de marcher réveille en lui le sentiment d'être pitoyable, sentiment pour lequel il se juge, s'écrase et peut-être même se méprise, sans rapport avec la vie de Prune, et qu'il rejette sur elle en finissant par lui prêter du courage ! La situation dans laquelle il se trouve au moment où il la rencontre ranime par associations inconscientes un vécu lointain, sans lien apparent avec le présent. En effet, Prune a réactivé en lui le souvenir d'un jour où son père l'avait humilié, alors qu'il avait cinq ans, en l'accusant de « pleurnicher comme une fille » parce qu'il était fatigué de marcher depuis une heure sous un soleil écrasant.

Tom a honte de faire des économies. Ses parents, qui étaient pauvres, l'ont toujours gâté, mais il est resté dans la crainte d'être un jour aussi démuni qu'eux. C'est donc par anticipation qu'il épargne. Or il redoute que ses amis l'apprennent et pensent qu'il est avare. Pour fuir cette honte, il dénonce le gaspillage et le comportement « anti-écologique » de Yan, réputé généreux. Il projette sur ce dernier sa crainte d'être mis à découvert, et l'*accuse...* de peur d'*être accusé*.

Si nous admettons aisément que nous projetons nos pensées, nos idées, nos états d'âme, nous reconnaissons moins facilement que l'inconscient ruse à cette fin, qu'il emprunte des moyens détournés, parfois même contradictoires, et influence nos actes dans l'ombre, à notre insu. Nous avons même plutôt tendance à le nier. L'adolescent qui chaparde un livre est par exemple prêt à s'en défendre corps et âme, et n'hésite pas à taxer d'égoïsme ceux qui revendiquent le droit à la propriété privée. En stigmatiser d'autres l'aide à évacuer sa hantise d'être dénoncé.

« Je crois à ce que je vois, bien que ce que je vois ne corresponde pas à une réalité extérieure, mais à des images intérieures et des fantasmes produits sous le coup de mes émotions, de mes craintes, de mes désirs, de mes dégoûts, de mes appréhensions » : ainsi pourrait-on définir le principe qui nous anime sans que nous le sachions au moment où nous projetons.

Dans ce contexte, la projection suppose qu'il y ait une partie de nous-mêmes que nous acceptons, « la bonne », et une que nous refusions, « la mauvaise », celle qui est susceptible de nous faire souffrir et que nous nous obstinons à ignorer en cherchant à l'expulser.

© Groupe Eyrolles

Autrement dit, nous projetons sur l'autre tout ce que nous redoutons de retrouver (trouver à nouveau) en nous-mêmes. Nous supposons que cet autre, à qui nous attribuons certains « défauts » dérivés des nôtres, est soit un adversaire, soit un objet de compassion. Quoi qu'il en soit, c'est une personne définitivement différente de nous, dont nous ne pouvons que nous plaindre ou que nous ne pouvons que plaindre ! Ici aussi, l'autre joue le rôle d'écran invisible à nos yeux.

À peine perceptible, ce phénomène psychique est d'autant plus difficile à décoder que nous ne sommes pas conscients sur le moment de nos projections. En effet, nous sommes tous régis par des motivations inconscientes, qui nous « manipulent » à notre insu. Et la projection se forme, se fomente, s'élabore dans le théâtre de l'inconscient[1].

L'autre (celui sur qui nous projetons) n'est qu'un prétexte à remettre en scène des émotions et des sensations que nous avons été amenés à refouler lors de leur manifestation première, soit parce qu'elles étaient désagréables – voire insupportables[2] –, soit parce que la vie nous y obligeait[3]. Autrement dit, l'autre « réveille » ce que nous maintenions en sommeil. La projection que nous faisons sur lui est donc une façon d'expulser de « mauvais sentiments », ceux qui nous donnent l'impression d'aller mal ou nous empêchent d'aller bien.

---

1. L'« autre scène », par opposition à la scène de la réalité visible.
2. Par exemple, une perte qui occasionne un deuil insurmontable, une trahison familiale, etc.
3. Il en va ainsi des amours contrariés, car transgressifs.

Néanmoins, c'est en vain que nous nous obstinons à nous débarrasser ainsi de nos sentiments inavouables. Bien que la personne sur qui nous projetons soit l'objet de notre ressentiment, la proie de notre culpabilité ou la cible de notre agressivité, nous restons la source qui produit ces sentiments. Ils continuent à agir en nous, nous en sommes le siège. Tels des assaillants, ils nous tourmenteront aussi longtemps que n'aura été éludé le problème qu'ils nous ont posé lors de leur première apparition. C'est à cette résolution que participe la psychanalyse.

Ce n'est qu'une fois leur mécanisme décelé, compris et accepté que nos projections deviennent évidentes. Jusquelà, sitôt qu'une personne ou un événement réveille en nous (à l'insu des autres) une sensation déplaisante, notre interprétation du monde est faussée, car tributaire d'un éclairage intime censé nous avantager.

Un mécanisme de défense inadapté

Quand nous nous sentons trop faibles pour affronter une situation, un sentiment de mise en danger – plus ou moins diffus, plus ou moins constant, mais rarement évident – nous fait craindre d'être découverts, mis à nu ou blessés. Aussi imaginons-nous des moyens de nous défendre. Il serait plus juste de dire que l'inconscient vient à notre rescousse pour nous aider à nous sortir indemnes de la situation.

La projection fait donc partie de ce qu'on appelle les « mécanismes de défense ». Ce sont les réflexes, les habitudes (gestes, pensées, émotions) qui contribuent à nous protéger par automatisme, quand nous nous sentons – consciemment ou non – agressés, et que nous avons l'impression que notre vie est mise en péril.

Ainsi pouvons-nous nous sentir agressés aujourd'hui de manière non objective, comme nous nous sommes sentis agressés sans pouvoir le dire un jour dans la toute petite enfance. Cette sensation de danger, qui resurgit sans raison apparente, a pu être causée par un abandon réel, mais aussi par la naissance d'un petit frère, une soudaine tempête, une entrée au CP trop précoce, ou tout autre événement nous ayant bouleversés dans notre intimité.

Les mécanismes de défense sont des stratégies d'origine très archaïque qui se mettent en œuvre inconsciemment, même si nous en percevons les effets. Certains sont naturels, d'autres plus ou moins névrotiques. Citons en vrac et sans les définir, en plus de la projection, l'identification, la régression, le déni, la sublimation, le refoulement, l'humour, l'anticipation, la justification...

En psychanalyse, on relève plus particulièrement ces mécanismes lorsqu'il s'agit d'une agression non pas objective mais fantasmatique, transmettant alors à celui qui la ressent une sensation de peur inavouée – et sur le moment inavouable – qui réactualise des mises en danger enfantines. Les gestes, les réactions affectives, pulsionnelles, sentimentales, émotionnelles auxquels nous avons eu recours à l'époque du traumatisme sont entrés dans notre fonctionnement quotidien, si rien n'est venu ensuite nous rassurer et éliminer notre besoin d'avoir recours à eux. Nous ne les maîtrisons pas, ils nous habitent. Avec le temps, nous en sommes de moins en moins conscients et nous finissons par oublier leur fonction première : la protection. Or ils s'accentuent parfois et donnent des rejetons[1], dont nous ignorons au présent les motivations principales. Ces sentiments ou émotions enfouis se traduisent et se font entendre dans les projections, comme pour maintenir en mémoire ce que nous souhaitons oublier et qui insiste pour se faire connaître. Ils sont vécus comme illégitimes, car relégués dans l'ombre. Quand

---

1. Voir l'exemple qui suit.

ils resurgissent de manière inopinée, nous aspirons à nous en débarrasser, car ils sont désagréables.

Lorsqu'un mécanisme de défense a été initialement mis en action dans une situation terrorisante, il remplit rarement son but. Un enfant qui a peur d'être découvert se met à rougir, mais paradoxalement, il risque de se faire prendre en se faisant remarquer de la sorte !

Ainsi la projection vient-elle nous défendre contre des sentiments qui jettent en nous le trouble ou le désespoir, et dont nous cherchons à nous décharger sur une autre personne. Toutefois, à force de pointer l'autre du doigt tout en nous mettant en retrait, nous risquons, comme nous venons de le voir, de nous rendre suspects. Nous pouvons aussi agacer, nous faire rejeter, et par conséquent nous sentir exclus ou abandonnés, alors que c'est justement d'un abandon premier que nous souffrons.

Auguste, quatre ans, dont la maman vient de mettre au monde un « nouveau bébé », vit dans la terreur d'être enlevé à son tour, depuis qu'il a entendu (ou cru entendre) qu'un petit camarade de classe a été « enlevé par son père » à la sortie de l'école. Ce sentiment s'est amplifié depuis que sa nounou est venue le chercher avec un quart d'heure de retard, durant lequel il a pu imaginer le pire. Persuadé qu'il risque d'être kidnappé, il dissimule sa peur, indigne selon lui d'un petit garçon. Il redoute aussi qu'elle le rende visible et renforce le risque qu'il soit enlevé à sa mère. Il la cache donc, l'enfouit au fond de lui, avec les fantasmes et les idées noires qu'elle provoque.

Sa panique agit désormais en sourdine, amplifiée par la honte due à la dissimulation. Elle se manifeste déguisée : Auguste grelotte ou sursaute pour un oui ou pour un non. Et comme il se met bientôt à rougir dès qu'il se sent surpris par un adulte, il se fige dans des positions étranges pour essayer de maîtriser ses tremblements et ses rougeurs. Il finit par passer son temps à vérifier dans un miroir de façon obsessionnelle si « ça se voit », et développe une sorte d'urticaire dont on ignore la provenance.

Auguste nie sa peur, de crainte de « se faire prendre ». Il anticipe bientôt les réactions des autres, chaque fois qu'il se sent rougir, en racontant qu'un camarade de l'école est très malheureux mais que lui le console et le protège. On le complimente pour sa gentillesse. Le petit garçon joue au fier, mais sa crainte d'être abandonné, déguisée en peur d'être kidnappé, n'en est que plus vive.

Les tremblements et les irritations qu'Auguste manifeste font partie des « rejetons » du mécanisme de défense, face à son angoisse d'être kidnappé. Ils s'imposent chaque fois qu'un événement, même infime, réactive la peur première qui sommeille en lui. La projection de cette peur sur un ami est vaine, il se sent toujours plus en insécurité. Sa volonté de vérifier ses rougeurs dans la glace pour tenter de se rassurer devient un tic, lui aussi perturbant. On comprend, dans ce cas, que le mécanisme de défense ne remplit pas sa fonction première…

On ne projette pas
que sur les personnes

Les projections se font de personne à personne, sur un ami, une épouse, un frère, un collègue de travail ou un supérieur hiérarchique, mais aussi sur des animaux ou des objets.

Ainsi l'oiseau tombé du nid, la panthère noire, le corniaud ou au contraire le chien à pedigree sont-ils les cibles privilégiées de nos émois et impulsions sentimentales.

> « Il est si malheureux ce petit toutou. Il a envie que sa maman s'occupe de lui ! Oh, le mignon... Voilà, maman arrive ! Qu'est-ce qu'elle ne ferait pas pour son chouchou. Il sait, lui, qu'il peut tout obtenir d'elle... »

De tels propos laissent entendre que la « maman » de ce petit chien a besoin d'être cajolée, et continue à espérer l'amour dont elle a (peut-être) manqué durant ses premières années. En infantilisant son animal, elle dit sa propre difficulté à sortir de l'enfance. On comprend qu'elle aurait voulu rester ou avoir été *tout* pour sa maman, et que c'est ce désir contrarié qu'elle projette sur son yorkshire.

En d'autres circonstances, un petit garçon pourra se servir en cachette d'un chaton comme souffre-douleur, car il projettera sur lui la colère et la jalousie que lui inspire sa petite sœur, même s'il couvre cette dernière de baisers devant leur mère.

Les héros des fables de Jean de La Fontaine et les personnages de Walt Disney, tels Mickey, Picsou, Bambi ou Dingo, témoignent de cette projection sur les animaux. Nul ne doute, à la façon dont ils s'expriment ou sont vêtus, qu'ils sont le fruit des fantasmes de l'auteur, mais on ne saisit pas forcément à première vue la subtilité avec laquelle la projection s'élabore en lui.

La voiture est un des objets par excellence sur lesquels certains se projettent. Les publicitaires en ont bien conscience quand ils utilisent ce lien particulier pour toucher le futur acheteur à travers l'*objet* de ses fantasmes. Le domicile ou la maison de campagne sont aussi des écrans de choix pour nos projections.

Enfin, nous faisons également des projections sur des sujets très larges, comme le monde, la société… Une phrase anodine du type « En ce moment, le monde va mal » peut laisser entendre que la personne qui la prononce se sent mal tout en se prétendant en pleine forme.

Quel que soit son support, la projection renseigne avant tout sur celui qui projette. La personne, l'animal ou l'objet concerné ne fait que ressusciter des émois si pénibles que nous sommes enclins à les camoufler et à les expulser hors de nous sous des formes méconnaissables.

* *
*

Ainsi, une projection peut sembler évidente pour un observateur, mais celui qui projette n'en est pas conscient au moment où il le fait, pas plus qu'il ne l'est de ses motivations. Des sentiments pénibles le traversent, il éprouve le besoin de les dissimuler et de s'en défendre. Fragilisé, car insécurisé sans pouvoir le dire, il a tendance à nier ce qui se passe en lui et ne peut admettre spontanément la projection qu'on lui révèle.

Mécanisme de défense, la projection va de pair avec le refoulement, qui peut se traduire comme un moyen d'échapper à une sensation insupportable. L'instinct, par esprit de protection, nous intime de renvoyer ce qui est désagréable à sa source, et donc de l'enfouir au plus profond de nous. Cependant, cela ne suffit pas à le faire oublier, et l'inconscient insiste pour le réactualiser. Quand les sentiments douloureux affleurent à la conscience, nous les projetons sur un « autre », croyant (ou feignant de croire) que c'est ce qui nous parvient de cet « autre » qui nous gêne.

Le temps, la réflexion, le recul et la confiance sont indispensables à la reconnaissance de nos projections. Un effet de libération s'ensuit, mais avant d'en arriver là, il aura fallu que nos motivations inconscientes aient eu le droit de refaire surface, dans un climat qui préserve notre intimité et où nous ne nous sentons pas mis en danger.

Partie 2

Allons un peu plus loin…

La projection, c'est un peu comme l'imagination… mais ce n'est pas de l'imagination. Ses mécanismes sont inconscients, et ses effets pas toujours visibles de prime abord.

L'inconscient est rusé, nous le verrons. Son langage semble être celui que nous employons quotidiennement, or une initiation est pourtant indispensable pour accéder à ce qu'il révèle par-delà les apparences. En général, derrière ce que nous montrons se cache autre chose que nous préférons dissimuler, nier ou fuir. Non seulement nous sommes tous tentés de rejeter ce qui est désagréable, mais de plus nous n'aimons pas être pris en flagrant délit de « mauvais sentiments ». Lorsque soudain ils nous envahissent, nous aspirons à les nier pour protéger les apparences.

Mais, comme nous nions, ce faisant, une partie de nous-mêmes, nous espérons simultanément faire entendre notre vérité malgré tout. C'est là qu'opère la projection et qu'intervient la psychanalyse, dont l'exercice bienveillant aide à dénouer ce qui fait barrage à nos sentiments et nous autorise à les exprimer même s'ils nous semblent mauvais. Le déchiffrage des rêves, nous le verrons, permet de bien appréhender et d'utiliser à des fins constructives ce qu'ils recèlent.

Des limites bien confuses
entre soi et l'autre

Dans ce phénomène complexe qu'est la projection, les limites entre soi et l'autre sont brouillées et les espaces psychiques confondus. On pourrait alors traduire la pensée inconsciente de celui qui se « noie » ainsi dans l'autre par :

- « Je suis toi, tu es moi, mais je ne peux pas le voir. Ce n'est pas moi mais bien toi qui souffres quand j'ai mal » ;

- ou encore, « *Je* suis dans l'autre. Je me jette dans l'autre et oublie que c'est moi qui parle, agis, souffre, pense à la place de l'autre, comme si je savais mieux que lui ce qu'il vivait. Donc, je ne peux que nier (*a priori*) l'évidence de mes projections. Il ne sert à rien de me les montrer, je ne vois rien, je ne peux y croire. J'ignore ce qui me pousserait à adopter ce mécanisme, ce n'est donc pas moi ! Si tu insistes, je répondrai qu'il ne s'agit pas de moi, mais bien de la personne avec laquelle je me confonds, c'est plus fort que moi. »

Nous l'avons vu, cette confusion est d'autant plus difficile à admettre qu'elle découle d'un processus inconscient.

Louis, l'aîné de la fratrie, a du mal à prendre son indépendance, bien qu'il ait quitté le domicile familial. Il se confond avec sa sœur Mina et lui prodigue des conseils qu'il ne

> s'applique pas à lui-même : « Tu devrais trouver un travail pour t'assumer financièrement », « Pourquoi ne demandes-tu pas son avis à maman ? ». À bientôt trente ans, il ne parvient pas à gagner sa vie ; il rêve de pouvoir parler avec son père de ses difficultés, mais n'ose pas le faire.
>
> Même si Mina trouve les conseils de son frère inadaptés, ce dernier reste persuadé qu'elle en a besoin et qu'elle a tort de ne pas les suivre. C'est pourtant sa propre difficulté à devenir adulte qu'il fuit et projette sur sa sœur.

On rencontre aussi des mères souffrantes qui se confondent avec leur enfant. N'ayant pas conscience d'être malades, elles exigent qu'on le soigne, lui, attendant de façon passive qu'il guérisse *à leur place*. L'enfant, troublé, finit par tomber malade, comme pour donner raison à sa mère.

Les projections mettent en cause notre fragilité, et le seul fait de les souligner accroît notre sensation de malaise. Les pointer ouvertement renforcerait les mécanismes de défense et ajouterait à la confusion. Aussi, même dans le cadre d'une psychanalyse, l'analyste qui pense repérer une projection prend le temps de vérifier si elle s'avère. Si en effet elle se confirme, il conduit les séances de façon telle que l'analysant[1] en prenne conscience par lui-même. Pour ce dernier, découvrir alors comme une évidence salutaire, dans un climat rassurant, que ce qu'il « prêtait à l'autre » lui appartient semble alors naturel et est par conséquent bénéfique.

---

1. En psychanalyse, on emploie le terme *analysant* pour désigner la personne qui fait une analyse.

© Groupe Eyrolles

« Je présentais jusque-là mon conflit intérieur entre mon désir de prendre du plaisir – pourquoi pas en dehors de mon couple – et la peur d'être découverte, comme un conflit entre mon mari et moi.

C'était à lui le plaisir et le désir de le prendre, à moi l'interdit et la peur de transgresser. Lui, *l'autre*, que j'accusais de vouloir me tromper et *moi*, qui en réalité me sentais trahie par ce désir que je projetais sur lui, ne faisaient qu'un. Je reniais ses désirs faute de pouvoir accepter les miens. C'est pourtant moi qui le repoussais et qui le trahissais mentalement, moi qui lui reprochais inconsciemment de ne pas me donner le droit de prendre du plaisir en dehors de lui.

Si maintenant j'admets que, moi aussi, j'ai envie de prendre du plaisir, je me l'autorise et... je n'ai plus besoin de me projeter sur lui. Je ne confonds plus mes désirs et les siens, ni son espace psychique et le mien. Maintenant que je le libère de mes projections, il se sent mieux... et moi aussi ! »

Ces propos résument la prise de conscience, d'ailleurs malicieuse, de Sabine. Laisser venir à la surface l'idée que nous pourrions tirer du plaisir d'expériences extraconjugales n'est pas dramatique ! Nous entrons en contact avec notre propre capacité à jouir. En s'interdisant jusque-là cette possibilité, Sabine se barrait l'accès au plaisir, et du même coup, soupçonnait son mari de vouloir la tromper.

Quand nous cessons de prêter à l'autre nos désirs, nos craintes, nos sentiments, nous pouvons enfin établir avec lui une véritable communication, ou tout au moins l'envisager.

Les sentiments tapis
derrière la projection

Honte, peur, jalousie, culpabilité, tristesse, sentiment
d'insécurité, d'infériorité, d'abandon ou d'impuissance sont
quelques-uns des acteurs qui agissent en sourdine derrière
la projection.

Nous expulsons sur une personne de notre choix les sentiments les plus enfouis en nous, quand les excitations intimes qu'ils transmettent à nos sens sont blessantes. La
personne/écran peut, elle aussi, être animée de semblables
sentiments, mais ceux que nous pointons dans ce cadre ne
sont pas les siens... Il s'agit des nôtres projetés sur elle et
que nous sommes enclins à nier.

> « Axelle, cette fille ? s'insurge Noémie. Ah non, ne me
> parle pas d'elle... Tu dis qu'elle est indépendante ?
> Qu'elle est classe ? Rive gauche ? Elle ? Tu veux dire
> rivale, plutôt ! Tu ne peux pas savoir, c'est la pire des
> jalouses. Son petit copain, elle le tient en laisse ! Dès
> qu'on jette un œil sur lui, elle sort son revolver, tu verrais
> son regard... »

Qu'Axelle, dont *croit* parler Noémie, soit vraiment jalouse
est peut-être vrai. Cependant, contrairement aux apparences, ce n'est pas la jalousie d'Axelle qui est en cause ici, mais

bien celle de Noémie. Cette dernière déteste en effet l'intransigeance brutale d'Axelle, à qui elle ne souhaite pas ressembler, mais envie sa réussite professionnelle.

Les personnes sur lesquelles nous (nous) projetons sont en général non pas celles que nous aimons le moins, mais celles sur qui se porte notre attention parce qu'elles nous renvoient à un sentiment d'inexistence ou d'infériorité. Ce sont aussi celles qui nous déstabilisent en réveillant en nous un sentiment cruel d'imperfection, de perdition, d'abandon, de honte ou de jalousie. Ces sentiments déclenchent à leur tour de la peur, de la culpabilité, de la tristesse, et nous menacent en quelque sorte d'« effondrement narcissique ».

Autrement dit, nous projetons sur les personnes en face de qui nous ne nous sentons pas assez aimés :

- soit parce qu'elles attirent l'attention sur elles et nous ignorent ;
- soit parce qu'elles disent nous aimer, mais ne le font pas comme nous voudrions qu'elles le fassent, puisque leur présence – ou leur absence – suffit à réactiver des sensations affligeantes ou à provoquer la reviviscence inconsciente de traumatismes anciens.

Pour résumer, disons que nous projetons sur celui ou celle à qui nous en voulons de ne pas nous donner une meilleure opinion de nous-mêmes.

La psychanalyse a mis en lumière l'ambiguïté des sentiments, la manière dont la haine est étroitement liée à l'amour, l'altruisme à l'égoïsme, le désir à la peur, l'envie au dégoût, mais aussi l'excès au manque, le vide au plein, et le tout au rien. Lorsque l'on commence à entrevoir que la saleté va de pair avec la propreté et la répulsion avec l'attraction, on se doute qu'une projection n'est pas simple à déchiffrer.

Pour découvrir les sentiments contrariants qui œuvrent en sourdine, il faut d'abord admettre leur éventualité. Or ils sont si déplaisants que nous la nions, et c'est ainsi qu'ils empoisonnent en catimini notre existence. Pourtant, ce décryptage permet de ne plus les subir et de ne plus se laisser « téléguider » par eux à notre insu.

Honte de l'autre ou honte de soi

Quand nous nous sentons sales (au sens propre comme au figuré !) ou que nous avons peur de le paraître aux yeux des autres, nous ne le disons pas, car nous n'aimons pas que cela se voie. La « saleté » des autres nous dégoûtant, nous craignons leurs réactions face à la nôtre.

« J'ai toujours eu honte de mon père quand je me promenais avec lui. Même dans les magasins, je le trouvais laid, négligé, mal habillé. Je ne supportais pas qu'il vienne me chercher à l'école. Prétentieux, inconscient, il ne se rendait pas compte que tout le monde se moquait de lui avec ses énormes voitures », s'enflamme Maxime, dix-huit ans.

Depuis sa plus tendre enfance, Maxime a l'habitude, sitôt qu'il se trouve seul avec son père loin de tout regard, d'exiger toujours plus de lui. Dans les magasins, il choisit toujours ce qu'il y a de mieux et de plus cher. « C'est plus fort que moi », dit-il, et son père ne lui refuse jamais rien. À la sortie de l'école, devant ses amis impressionnés par ce père grand « bourgeois bohème » intimidant et fortuné, Maxime tremblait d'être mis à nu, et pour *dissimuler ses émois*, il avait imaginé *dissimuler son père* en lui demandant de ne plus jamais se garer près de l'entrée du lycée.

Aujourd'hui encore, il n'a pas renoncé à obtenir tout ce qu'il veut de lui, mais l'admet de moins en moins, car il appréhende toujours davantage que son désir de se « débarrasser » de cet homme soit découvert. Sa crainte d'être dévoilé et la honte qui l'accompagne s'accentuent avec le temps : « J'ai peur d'être transparent, peur que cela se voie », dit-il, se méprisant lui-même.

Se jouent ici les sentiments du petit garçon qui a espéré prendre la place de son père auprès de sa mère, pour garder celle-ci à lui tout seul. Il imagine que son père gâte sa mère et aspire à l'être également. Le désir de *tout* obtenir entretient son espoir de rester *tout* pour sa mère. Mais, du fait de ses manigances enfantines, Maxime finit par éprouver de la honte ; il dit avoir honte de son père mais il est honteux de profiter de lui pour se faire plaisir en brillant devant ses amis grâce à ce qu'il a obtenu, honteux de vouloir conjointement se débarrasser de lui, honteux de l'avoir « roulé »… Craignant d'être découvert, il projette cette honte sur son père et trouve des raisons « objectives » pour la justifier : « Il est trop gros, mal habillé, pas assez cultivé… Il a mauvais goût. Il est ridicule avec ses énormes voitures, etc. » Tous ces griefs ne sont fondés que sur la volonté farouche de cacher son désir de prendre *toute* la place, en obtenant *tout* ce qu'il veut de son père.

La honte de l'autre est le plus souvent la honte de soi projetée sur l'autre. Elle est accentuée ici du fait que Maxime ne tire ni plaisir ni bénéfice réel de ce qu'il obtient. En effet, il prend l'attention et les cadeaux de son père comme s'il les volait, et redoute sans cesse d'être pris en flagrant délit.

Peur de la mort ou peur de sa mort

Derrière de nombreuses peurs se cache la frayeur fantasmatique de sa propre mort intimement mêlée à celle tout aussi irraisonnée de tuer. C'est elle que l'on projette sur son entourage lorsque l'on se sent en profonde insécurité.

Une mère qui a perdu un enfant, ou dont la propre mère en a perdu un en bas âge, peut se sentir paralysée par l'idée obsédante que son bébé ne meure. La crainte folle d'être coupable de cette mort l'empêchera d'imaginer un avenir pour son nourrisson.

> Mélodie, pour conjurer le mauvais sort, n'achète jamais aucun vêtement d'avance pour sa petite Sarah de quinze mois, et refuse même qu'on lui en offre. Elle craint à chaque instant que sa fille ne disparaisse, et projette cette angoisse de la mort sur son enfant.

Si cette peur inouïe nous semble folle, incroyable ou même irréelle, c'est parce qu'elle intervient au niveau de l'inconscient. Mélodie nierait vouloir surprotéger son enfant si on lui en faisait la remarque. D'ailleurs, quand une amie s'étonne de son refus de posséder des vêtements d'avance pour le bébé, elle n'est pas à court d'arguments rationnels : « Elle grandit si vite que je ne sais pas ce qui lui ira… Et puis, à quoi bon encombrer mes armoires ? »

La fillette, maintenue comme sans avenir dans l'inquiétude, sert d'écran à la peur maternelle. Elle ignore bien sûr consciemment que sa propre mère ou sa grand-mère a perdu un bébé. Mais c'est bien parce qu'elle le perçoit inconsciemment que la peur a prise sur elle.

La peur surgit aussi de façon irrationnelle entre deux personnes inconsciemment unies par une même rivalité. Ainsi deux hommes qui désirent la même femme ont-ils tendance à projeter l'un sur l'autre les sentiments qui les animent. Chacun, aspirant à supprimer son rival, craint inconsciemment d'être supprimé en retour, et prétend que c'est l'autre qui est prêt à le faire.

On peut résumer les différentes étapes du processus inconscient qui entre en jeu dans la peur de la façon suivante :

- une peur liée à des expériences personnelles qui ont mis en cause ma fragilité sommeille en moi. Elle est accentuée par une peur archaïque due à des rivalités ancestrales[1] ;

- surgit alors dans mon champ de perception une personne là où je ne l'attends pas. La peur, ravivée par surprise, se fait si désagréable en arrivant à la conscience que je l'expulse sur cette personne : je déclare qu'elle est méchante et la perçois comme un ennemi effrayant ;

- mon inquiétude l'inquiète, l'agressivité qu'elle ressent à travers la peur que je projette sur elle la rend méfiante envers moi. La peur, c'est-à-dire la manifestation de celle qui m'habite à l'intérieur, me revient tel un boomerang de l'extérieur.

---

1. Voir en mythologie la famille des Atrides ou les rivalités œdipiennes des descendants de Laïos.

Jalousie

La jalousie renvoie à la crainte ou au fantasme de perdre sa place – que celle-ci soit ou non réellement menacée –, associé à l'impression d'être ébranlé et remis en cause dans son identité ou son appartenance à un groupe[1].

La projection se joue alors ainsi : « Cette personne veut être à ma place, comme moi j'ai envie ou je pourrais avoir envie d'être à la sienne, car elle me fait penser à quelqu'un – mon père, ma mère, mon grand frère, ma petite sœur… – à la place de qui j'ai toujours rêvé d'être. »

La jalousie projective survient quand l'autre nous dérange.

> Romane, vingt ans, s'exclame de façon à ce que tout le monde l'entende : « Dieu qu'elle est maigre, la pauvre ! Moi, une telle maigreur, ça m'écœure. C'est sûr qu'elle en souffre. Ça fait pitié ! Vous avez vu ? » Certes, Lola est extrêmement mince, mais son état ne justifie cependant pas que l'on s'alarme. Les propos de Romane et le ton avec lequel celle-ci attire l'attention sur la jeune femme la blessent.

De fait, c'est d'elle-même que Romane parle indirectement tout en mettant la silhouette de Lola en cause. Elle jalouse sa sveltesse, qui la renvoie à ses problèmes personnels avec la nourriture.

---

1. Ce groupe peut être la famille, le milieu professionnel, la classe à l'école, etc.

Boris, cinq ans, est le dernier-né de la famille. Il a tendance à dénoncer les plus grands, « tous des jaloux », dit-il, qui lui « piquent des trucs ». Mais c'est avec le sentiment d'être en son bon droit qu'il s'approprie en douce et en leur absence certaines de leurs affaires, sous prétexte qu'ils ne s'en servent jamais.

Boris projette sa jalousie sur ses frères et sœurs, et le terme *piquer* dit bien l'épineuse sensation que lui procure ce sentiment lié à une insondable culpabilité. Mais bien qu'inconsciemment coupable d'avoir « piqué » *leur place* – et leur mère – aux frères et sœurs qui le précèdent et qu'il envie, pour rien au monde il ne renoncerait à *sa place* ni à aucun de ses privilèges de petit dernier. Au contraire, Boris les défend *jalousement* en attribuant sa *jalousie* aux autres !

On peut lire en transparence, derrière l'écran de ses projections, la crainte d'être supprimé ou celle qu'on lui reprenne sa place, tant sa difficulté est grande à s'imposer face aux aînés. Un soutien psychanalytique permettra à Boris de se sentir légitimé dans sa famille, sans plus avoir recours à cette manie d'accuser sans raison apparente. Il cessera peu à peu d'envier dans la douleur ses frères et sœurs. Son inconscient, mis en confiance, n'aura plus besoin de se manifester sournoisement, en le poussant à les dénoncer tels des voleurs.

Amertume, sentiments d'exclusion et d'inexistence

La médisance, teintée d'une pointe de malveillance, se cache souvent derrière la critique acerbe qui se veut objective. Celle-ci masque alors le malheur de celui qui se sent exclu ou brimé.

> Hubert déclare d'un ton froid et assuré : « Je trouve cela ridicule. On ne parle que de Paul A. en ce moment. Je les plains, ceux qui n'ont rien de mieux à faire ! Ses émissions sont d'un vide ! Aucun intérêt. Je me demande ce qu'on leur trouve... Tu as vu la dernière ? Quelle mièvrerie, il ne s'y passait rien ! À peine avais-je allumé la télévision que j'avais déjà envie de l'éteindre... »
>
> Lui-même se dit « *overbooké* » en ce moment. Son érudition laisserait croire sa critique fondée. Pourtant, malgré son ton savant, une récrimination se dessine en filigrane dans son propos : « On ne parle pas de moi, personne ne s'intéresse à moi. » Hubert projette en effet sur Paul A. l'amertume que lui communique en permanence le sentiment d'avoir été négligé et exclu au sein de sa famille lorsqu'il était enfant, et qu'il noie depuis toujours dans la suractivité.

La médisance, ici, est la projection de la plainte de celui qui souffre d'être ignoré et qui se dénigre sitôt que la mise en valeur ou la présence d'un *autre* le rappellent à son sentiment d'inexistence.

© Groupe Eyrolles

Tristesse, sentiments de perdition et d'abandon

Toute relation amoureuse est prompte à réactiver un sentiment qui sommeille. Ainsi bien souvent, sous les reproches adressés à un conjoint, transparaît le chagrin de l'enfant qui s'est senti délaissé.

Une personne qui souffre de sentiment d'abandon a tendance à voir en *l'autre* (toujours le même écran !) la cause de sa détresse[1] et à adopter envers lui une conduite de rejet, au risque de le détourner d'elle. Ainsi, paradoxalement, par crainte d'être abandonnée[2] par lui et d'avoir à revivre ce qu'elle a vécu jadis dans la douleur[3], elle est prête à le sortir de sa vie, à l'accuser de négligence, à le faire fuir ou à le chasser, comme pour dénoncer *chez lui* des sentiments que pourtant elle projette.

De la même manière, celui qui a souffert de maltraitance peut projeter sa douleur sur un autre et finir par croire que ce dernier est réellement maltraité.

---

1. En réalité, cet autre ne fait que réactiver la source de détresse qui sommeille en elle.
2. Voir à ce sujet, du même auteur, l'ouvrage *Couper le cordon – Guérir de nos dépendances affectives* et l'article « Abandon et sentiment d'abandon » sur le site www.psychanalyse-en-mouvement.net.
3. Mais qui est resté enfoui dans l'inconscient. Il ne s'agit pas ici d'abandon, ni de crainte, ni de souvenirs conscients, mais bien du sentiment d'abandon indicible, lié à des événements que seul l'inconscient a gardé en mémoire.

Mila, qui a été abandonnée et malmenée dans les tout premiers temps de sa vie, affirme ne pas en pâtir aujourd'hui. Elle a en effet dû nier sa douleur pour survivre à la souffrance. Toutefois, la relation plutôt tendre qui existe entre sa belle-mère et son mari réveille en elle le souvenir de ses anciennes meurtrissures. Sitôt que sa souffrance se fait sentir dans son corps, elle la projette sur son mari. Triste, isolée, éperdument malheureuse face à une relation plutôt *chaleureuse* qui la renvoie au *manque de chaleur* dont elle a souffert, elle lui « prête » son malheur, se persuade qu'il est victime de maltraitance, mais qu'il l'ignore. Elle voit alors en sa belle-mère un « bourreau », à l'image de celui qui, enfant, la torturait.

On comprend, à travers les sentiments, que c'est la personne tout entière qui se projette dans l'autre, en un instant de sa vie où elle se « sent mal », afin de lui « prêter » ce qui lui communique le moins de plaisir !

Les ruses de l'inconscient

Nous venons de le voir, quand il est question d'inconscient, les repères habituels sont brouillés et la confusion des sentiments est à son comble : l'amour est indissociable de la haine, la vie flirte avec la mort et le désir fusionne avec la peur... L'inconscient défie les codes du langage quotidien et en bouleverse les règles de grammaire ordinaires. Autrement dit, rien n'est jamais simple ni tranché quand il s'agit de lui !

L'inconscient se moque de la négation

Quand une négation nous parvient depuis l'inconscient, il est fort probable qu'elle masque en réalité une affirmation ! La phrase : « Je ne pense pas à Michèle en ce moment » illustre bien ce fonctionnement. Le fait de prétendre que *nous ne pensons pas à...* est bien la preuve que *nous y pensons.*

L'affirmation peut ainsi impliquer son contraire : tout en parlant d'amour, nous pouvons projeter des sentiments de haine. Rêver que nous aimons quelqu'un ne signifie pas que nous l'aimons, mais pose la question de l'amour entre nous (le rêveur) et lui (l'autre).

> « J'aimais énormément Papa, c'était mon dieu, mon astre,
> mon idole. Je le vénérais, mais lui ne faisait jamais attention
> à moi. » Cette phrase de Marion peut amorcer la révélation
> de sentiments de détestation enfouis envers ce père.

En psychanalyse, l'évocation de sentiments par leur négation ou leur contraire (deux façons de les nier lorsqu'ils sur-
viennent) correspond souvent à l'affirmation qu'ils nous
habitent et nous dérangent. Selon Freud, la négation
s'impose pour faire obstacle au retour à la conscience d'éléments enfouis dans l'inconscient parce qu'ils étaient désagréables ou compromettants.

C'est ce qui se produit quand le travail analytique commence à faire ses preuves. Ce travail a pour but de ramener
ce qui a été refoulé à la conscience, et de s'en libérer ; mais
ce n'est pas sans difficulté ni hésitation que nous en acceptons les répercussions immédiates ! En effet, nous nous
sommes habitués depuis des années au confort apparent du
refoulement, jusque dans ses méfaits, et il n'est pas facile d'y
renoncer. Le retour du refoulé induit des sensations de
malaise, nous craignons d'apparaître peu aimables sous un
jour nouveau. Alors, quand il surgit, nous le nions, et s'il
insiste, nous projetons les idées qu'il nous inspire sur le psychanalyste.

> « Vous allez me dire qu'en vérité je n'aimais pas mon père,
> je suis sûre que vous le pensez, mais non, je l'adorais. Il
> était tout pour moi, un vrai dieu ! » poursuit Marion.
>
> Alors que le psychanalyste se garde d'intervenir, Marion lui
> prête des pensées et ne veut pas en démordre ! Elle vient
> de raconter que son père ne lui adressait jamais la parole,
> sinon pour la punir quand elle rapportait de mauvaises

notes de l'école, mais l'a déjà oublié. Dès qu'une pensée peu gratifiante pour ce père affleure à sa conscience, elle la projette sur son psychanalyste, comme si cette idée venait de lui.

De même, quand plus tard, elle affirme : « Moi, je ne me fais pas de souci pendant les vacances ! Tous les problèmes que me donnent les enfants, à ce moment-là, je les enterre », elle indique qu'elle *se fait du souci* pour ses enfants bien qu'elle aimerait ne pas s'en faire. Et, quand elle ajoute : « Ce pauvre homme, qu'il est stupide de s'inquiéter pour son travail ! Quand on est en congé, c'est pour se détendre, non pour se ruiner la santé à ruminer », on devine que c'est sa propre inquiétude qu'elle projette pour (tenter de) s'en débarrasser.

L'inconscient se moque du féminin et du masculin

Lorsque nous rêvons d'une femme, il peut s'agir de sentiments que nous inspire un homme, et *vice versa*.

Marilou a rêvé de Magali, une amie de sa mère, chez qui elle a été malmenée.

Dans un premier temps, elle décrypte son rêve au pied de la lettre. Elle n'arrive pas vraiment à se remémorer ce qui s'est passé des années auparavant, mais elle sent poindre la douleur et monter un élan d'animosité violente à l'égard de cette femme.

Dans un second temps, au fil de ses associations d'idées, Marilou s'aperçoit que Magali est du même signe astrologique que son supérieur hiérarchique. Or ce dernier lui a fait des avances et la menace en exerçant du chantage pour l'empêcher de le dénoncer. Elle prend conscience que ce n'est pas à Magali qu'elle en veut directement, mais qu'elle projette sur celle-ci la rage inspirée par son patron.

La soumission de Marilou, accentuée par son infériorité hiérarchique et par la crainte d'être mise en danger par cet homme qui lui en rappelle inconsciemment un autre, lui interdit d'oser sa colère au grand jour. Cependant, celle-ci agit en sourdine et finalement accélère la reviviscence du désespoir qui l'avait engloutie lorsque le fils du jardinier de Magali l'avait enfermée dans un cagibi au fond du jardin. Sous le *féminin* mis en scène dans le rêve se dissimulait le *masculin,* et les traces de douleurs infligées par celui-ci. Les figures féminines (la mère, Magali) ont permis de réactualiser des sentiments et des émotions vécus au contact de figures masculines (le fils du jardinier, le patron).

Il s'agit désormais pour Marilou de résoudre son problème, sans plus projeter sur Magali les sentiments qu'elle destine à son supérieur hiérarchique. Elle ne doit plus non plus chercher à le protéger comme elle était prête à le faire, et comme, enfant, elle avait protégé sa mère et Magali en ne révélant rien de ce que lui avait fait subir le fils du jardinier.

L'inconscient se moque de la propriété

Il nous arrive de mettre dans la bouche d'un ami des mots que nous n'oserions mettre dans la nôtre et qui sont le fruit de nos fantasmes ou de nos désirs contrariés. Nous lui faisons dire ce que nous aimerions énoncer ou entendre, tout en croyant dur comme fer que cela vient de lui.

> Christelle s'énerve contre Bruno : « Mais si, je suis sûre que tu m'as dit hier que ce n'était pas grave ! » Elle a besoin d'entendre que la perte d'un point sur son permis n'est pas dramatique, car elle-même le vit comme un drame.

De même, dans un rêve, nous pouvons nous attribuer le mari de notre sœur et ne pas comprendre pourquoi nous nous réveillons en éprouvant de la culpabilité, puisque dans notre rêve ce mari était vraiment le nôtre !

L'inconscient se moque du temps qui passe

Les sentiments, les émotions et les souvenirs ainsi transposés d'un lieu ou d'un propriétaire à un autre finissent par être méconnaissables. L'inconscient n'a de cesse de jouer avec les inversions, pour brouiller les pistes et éviter que ne remonte à la surface ce qu'il aspire pourtant à révéler !

Avec lui, on est au royaume du trompe-l'œil, au cœur de la contradiction : la personne se cache derrière une autre, de crainte d'être prise en défaut et acculée au déplaisir par la réalité. Dans cette logique, le *rien* peut appeler le *tout*, le *jamais* entre en écho avec le *toujours*, le *personne* avec le *tout le monde*...

> Ainsi, si Hubert, dont nous avons parlé plus haut, déteste Paul A., c'est parce que celui-ci le renvoie au *manque d'attention* total dont il a souffert enfant. À l'instant où il se plaint, il ne se doute pas que Paul A. réactive en lui la douleur liée à l'impression d'être « rien », qu'il ressentait lorsque sa mère, nourrice professionnelle, s'occupait d'une petite Pauline malade, décédée depuis.

En confondant hier avec aujourd'hui, l'inconscient défie aussi la réalité de l'écoulement du temps.

Au sein de la famille

Mère-enfant : l'infanticide imaginaire

L'enfant est l'écran de prédilection sur lequel se portent les projections maternelles. Ainsi, une mère qui a été hantée par le décès d'un frère ou d'une sœur en bas âge sera plus préoccupée qu'une autre par la mort. Si elle reste persuadée, puisque rien n'est venu l'en dissuader, qu'elle est responsable de cette mort, son propre enfant peut *re-présenter* ce frère ou cette sœur disparu(e) et, réveillant des fantasmes liés à la mort, faire l'objet de toutes sortes de projections.

Aujourd'hui maman d'une petite Dina, Donatella est elle-même venue au monde sept mois après le décès d'une « petite sœur » de quatorze mois à peine. Elle a été portée et attendue dans un climat de chagrin et d'affliction. Submergée par la mélancolie maternelle, elle se sent coupable, car sa naissance n'a su effacer la perte du premier bébé.

Devenue mère à son tour, Donatella est « travaillée » par la disparition et la culpabilité. Dans son inconscient, elle est persuadée qu'elle est la cause de la tristesse de sa mère, et donc que sa conception est responsable de la mort de la « petite sœur » ; autrement dit, que c'est elle qui a tué le bébé.

© Groupe Eyrolles

Chaque fois que sa petite Dina rentre de l'école, les souvenirs remontent. Donatella a beau les fuir, ils alimentent ses fantasmes de meurtre involontaire qui se projettent alors sur la fillette. Celle-ci ressent un malaise profond à être ainsi l'objet de fantasmes maternels insaisissables et tente d'y échapper en s'éloignant de sa mère. Donatella, sentant sa culpabilité enfler, la reporte inconsciemment sur sa fille, à qui elle reproche de ne pas l'aimer.

La sensibilité à fleur de peau, souvent au bord des larmes, elle s'interdit de craquer devant l'enfant. En revanche elle s'énerve, jusqu'à s'écrier un jour où Dina refuse de rester auprès d'elle : « Tu ne m'aimes pas, ça me tue, tu préférerais ma mort ! » Déconcertée, l'enfant ne comprend rien à cette culpabilité qu'on projette sur elle, et son envie de fuir sa mère s'amplifie.

Donatella se vit comme meurtrière du « premier bébé ». Dina, son réel premier bébé, représente dans son inconscient le bébé de sa mère, cette « petite sœur » qui pourrait la tuer pour se venger. Cette culpabilité fantasmatique, et les réactions incompréhensibles qu'elle induit, projetées sur elle, la déconcertent.

Amener Donatella à prendre conscience de ses fantasmes, de son chagrin de fillette délaissée à cause du deuil inaccompli de sa mère et de ses remords infondés l'aidera à s'en alléger. Dégagée de l'emprise d'une culpabilité injustifiée, elle ne cédera plus à l'impulsion de ses projections inconscientes.

Un enfant peut, même s'il est gâté matériellement, ne pas se sentir aimé s'il a l'intuition que ce n'est pas lui que l'on voit à travers lui, mais la personne que sa présence ranime dans l'esprit de ses parents. Il devine que ce n'est pas à lui non plus que l'on s'adresse quand on lui parle. Il se sent nié et comme prié de s'effacer, au profit du souvenir de celui qui fait figure de fantôme projeté sur lui. Sans pouvoir le dire, il comprend qu'il est l'objet de projections.

Toute personne intimement liée à la mort dès sa naissance, suite à un accident ou un décès, aura tendance plus tard, du fait de l'hypersensibilité qui s'ensuit, à projeter inconsciemment cette mort pour s'en débarrasser. Malheureusement, ce sont le plus souvent ses enfants qui feront l'objet de telles projections…

Les pères ne sont pas en reste…

> Chaque matin en accompagnant sa petite Tina de trois ans à l'école, Fabio se complaît à manifester son affection en s'apitoyant gentiment sur le sort de la fillette. « Oh ! ma petite chérie, c'est dur pour un bébé de trois ans de se lever si tôt le matin, murmure-t-il à son oreille sur un ton attendrissant. Il fait encore nuit, on serait mieux au dodo. »

Fabio se lamente en réalité sur son propre sort. Ce n'est jamais que sa propre difficulté à aller à l'école qui se réactive en lui et qu'il imagine chez sa fille. En effet, petit, il aimait l'école jusqu'à ce que son grand frère tombe gravement malade et reste alité à la maison pendant plus de six mois. Fabio envia alors les soins que leur mère prodiguait à l'aîné, et commença à partir à l'école *à reculons*. Aujourd'hui, il projette sa difficulté d'hier sur Tina qu'il surprotège. Le chemin vers l'école ravive ses mauvais souvenirs. Il se persuade – jusqu'à en persuader la fillette – que ce lever matinal est douloureux pour elle. Tina n'ayant pas les moyens d'échapper à cette projection, elle s'y conforme. Ravie, en début d'année, de rejoindre chaque matin la maîtresse et des enfants de son âge, elle adhère peu à peu à l'idée de son père, finit par ne plus aimer l'école et par n'y partir qu'*à reculons* !

Ainsi, un enfant est bien souvent la « proie » de projections parentales. S'il tente de dénoncer les effets de cette transmission indicible, il se heurte à un mur d'incompréhension, car tout se joue d'inconscient à inconscient : « Mais tu es fou, qu'est-ce que tu racontes ? » lui répond-on alors. Il a beau pressentir que son père ou sa mère lui prête des défauts qu'il n'a pas, il ne pourra remédier à la situation tant que les adultes n'auront pas pris conscience de leurs projections.

L'anorexie, par exemple, est souvent le résultat d'une multitude de projections paternelles et maternelles auxquelles l'enfant pour survivre cherche en vain à échapper. C'est faute d'y parvenir qu'il soustrait son corps à ces projections.

Une fille[1] qui a souffert d'indicibles maltraitances aura tendance plus qu'une autre à projeter, au sens psychanalytique du terme, sous l'emprise de l'effet perturbant qu'induit son vécu douloureux et *invisible*, comme si elle aspirait à le rendre *visible* à l'extérieur. Si elle devient mère, ses projections parasiteront sa relation avec son enfant et encombreront ce dernier, qui à son tour se sentira la proie d'un *invisible ennemi*. Même s'il ne peut douter de l'amour maternel, les projections rempliront le silence et perturberont son développement.

© Groupe Eyrolles

---

1. Le processus est identique pour un garçon.

Entre frère et sœur

> Clémentine, dix-neuf ans, s'exclame : « Margaux ne s'est
> jamais remise de ma naissance. Je ne vois pas pourquoi
> elle m'en veut. C'est comme si elle n'avait jamais accepté
> que je sois née. Je n'y suis pour rien moi, si elle était là
> avant moi. Je n'allais pas m'empêcher de venir au monde
> quand même, sous prétexte de ne pas la blesser ! »

La jeune fille, en pointant la jalousie de l'aînée à son égard, vise
sans doute juste. Néanmoins, si elle s'en préoccupe autant,
c'est qu'elle découvre ce faisant ses propres sentiments.

En effet, considérée comme le dernier bébé de sa mère, qui
insistait sur le fait qu'elle n'aurait jamais plus d'enfant,
Clémentine n'a pas compris pourquoi, à dix ans, on lui a
imposé une petite sœur, Océane. Elle s'est sentie trahie : on
lui prenait sa place de petite dernière. Elle ne s'en est jamais
remise !

Devenue mère très jeune, à dix-huit ans, elle projette sur
son bébé les mauvais sentiments que lui inspire encore
inconsciemment celle qui a pris sa place. Elle est jalouse de
sa fille, mais comme les yeux bleus de son enfant lui rappellent ceux de Margaux, elle se persuade qu'il s'agit non de sa
jalousie, mais de celle de son aînée.

> Nathan, le frère aîné de Noa, Margaux, Clémentine et
> Océane, lui-même perturbé par la naissance des plus jeu-
> nes, a du mal à quitter le giron familial. « Tu as vu cet
> ambitieux de Noa, dit-il à sa mère en visant son cadet,
> quel arriviste ! C'est épouvantable. Il faudrait qu'il n'y en
> ait que pour lui, il veut toujours être le point de mire de
> ses amis. »

Noa a en effet une grande facilité à nouer des relations, et son réseau amical est impressionnant. Pourtant, c'est sa propre ambition que l'aîné pointe à travers celle de son cadet. Nathan a toujours tout mis en œuvre pour garder la première place dans le cœur de sa mère. Pour ne pas la décevoir, il a fait les études de droit auxquelles elle l'avait destiné, mais il jalouse la liberté de mouvement de Noa, « l'artiste », qui le rappelle à son immobilisme.

Pour dissimuler son ambition, il tourne en dérision celle de son jeune frère, qu'il essaie de rabaisser. Le désir de briller aux yeux de sa mère le pousse à dénigrer son cadet en lui prêtant ce qu'il dénonce comme une tare. Or, c'est bien parce que Nathan lui a mené la vie dure que Noa s'est senti contraint de se lier d'amitié à l'extérieur.

Nathan a intérêt à prendre conscience de sa faculté à projeter, pour éviter de la reporter plus tard sur ses enfants. Sans quoi, on peut imaginer que, devenu père de deux fils, il continuera à se débarrasser de ses sentiments refoulés soit sur le plus jeune qu'il identifiera à son cadet, soit sur l'aîné en qui il se retrouvera. Secrètement honteux de sa conduite et des sentiments qui l'animaient dans sa jeunesse, il les rejettera et les prêtera à son fils, plutôt que d'accepter leur existence en lui.

Les projections sont toujours à l'œuvre inconsciemment dans une famille. Elles font partie du processus de communication entre les uns et les autres. Il serait donc vain de prétendre éradiquer ce phénomène sous prétexte qu'il peut être nocif. Il participe au développement de la personnalité et à l'affirmation de l'identité. Dans le meilleur des cas, les projections sont porteuses et contribuent à la confiance en soi.

Cependant, quand elles sont l'expression d'une souffrance qui peine à se dire, il vaut mieux se donner le temps et les moyens de les détecter. Décoder le processus inconscient qui en est à l'origine évite que la souffrance ne se transmette de génération en génération. Les rêves sont précieux en cela, car leur éclairage nous aide à dénouer nos complexes.

Le rêve, royaume de la projection

Moi, moi, moi et encore moi !

Dans nos rêves, nous mettons en scène des bribes d'événements qui nous ont impressionnés, la veille ou les jours précédents, sans que nous ayons pu l'exprimer, car ce n'était ni l'heure ni le lieu. Ces émotions intenses réprimées nous travaillent et insistent durant la nuit pour être prises en considération. De fait, bien que l'inconscient ait alors recours à des personnes, à des objets ou à des événements familiers, nous ne rêvons jamais que de nous-mêmes. En effet, nous nous *projetons* avec nos sentiments sur ces éléments et nous les transformons à notre gré pour leur faire dire ce que nous voudrions entendre.

On peut comparer ce processus à celui qui est en œuvre dans une démarche artistique. Celle-ci tend aussi à exprimer l'indicible. Qui s'intéresse de près à l'art sait bien que le peintre, ou le cinéaste, se projette dans chacune de ses œuvres, avec des moyens plus ou moins directs ou sophistiqués. L'œuvre d'art est le reflet du *monde intérieur* de son auteur, l'expression de sa sensibilité au contact de l'*extérieur*. À travers elle, il traduit à sa façon, implicite ou explicite, ses sensations particulières. On imagine aisément qu'un roman soit autobiographique, mais une toile de maître est, elle aussi, le support d'émotions et de fantasmes personnels.

Reflet de l'imaginaire de l'artiste, elle peut être considérée comme un autoportrait ou un fragment d'autoportrait.

Il en va de même avec les rêves. Le rêveur se confond avec les personnages et les éléments de son rêve sur lesquels il (se) projette, afin de mieux brouiller les pistes. Les événements qu'il utilise de façon imaginaire ne sont là que pour distiller et justifier sa vérité subjective. Les personnes et les objets qu'il met en scène deviennent le produit de sa fantasmagorie personnelle. Même s'il emprunte à certains leur nom, leur apparence ou d'autres traits caractéristiques, ceux-là lui servent d'écran pour exprimer sa propre sensibilité.

Ainsi le rêve est-il à la fois le lieu de prédilection et le révélateur par excellence de nos projections.

Un rêve se déroule comme un film, avec du son, des images, de la couleur, du noir et blanc. Au réveil, nous savons parfois que nous avons ressenti quelque chose de fort, même si nous ne nous en souvenons plus. C'est un peu comme si nous avions vécu indirectement ce qui s'est passé durant la nuit[1].

Lorsque nous rêvons de certaines personnes, il est plus exact de dire que nous avons l'*impression* d'avoir rêvé de ces personnes :

- d'une part, il ne s'agit pas d'elles en vérité, mais d'une représentation que nous nous faisons d'elles ;

- d'autre part, nous les mettons en scène, selon notre désir ou notre propre vision, pour projeter (en dehors de nous)

---

1. Comme on peut avoir l'impression d'avoir vécu par procuration l'expérience des protagonistes d'un film après une séance de cinéma.

sur l'écran de nos rêves certains sentiments délicats à exprimer ou impossibles à accepter.

Ainsi, si je rêve que mon amie Joy est jalouse de moi, et qu'elle fait tout un cinéma dans de sublimes tenues pour que je la regarde, il est fort probable que je rêve de la jalousie qu'elle m'inspire ! Nous pouvons aussi imaginer que l'analyse (patiente) du rêve sur plusieurs séances révélerait que c'est bien moi qui l'avais enviée la veille du rêve. Peut-être m'avait-elle en effet agacée ce soir-là parce qu'elle était en excellents termes avec son mari, que je trouvais sublime, alors que j'envisageais de divorcer du mien ? Peut-être leur couple avait-il non pas des tenues sublimes, mais une conduite qui me semblait sublime ?

J'aurais pu rêver qu'elle était jalouse d'une autre personne, l'analyse eût été la même. J'aurais pu encore rêver encore qu'elle voulait me « voler » mon mari. Comme je la déteste (du fait de la jalousie qu'elle m'inspire), il m'est impossible, sans l'analysé du rêve, d'admettre consciemment que c'est *moi* qui l'envie et nourris par exemple des sentiments amoureux pour son mari !

L'inconscient se charge, par le biais des projections, de nous faire reconnaître ce que le conscient *a priori* refuse d'admettre.

L'analyse du rêve aurait pu aussi révéler, par associations d'images, d'idées, de sonorités et de pensées, que je projetais ma propre jalousie sur Joy, parce que j'espérais qu'elle soit jalouse de moi. Imaginons qu'en ce moment, j'ai tendance à me dénigrer. Je voudrais par conséquent avoir une plus haute opinion de moi-même. Par le biais de la jalousie supposée de Joy à mon égard, j'exprime le désir extrême d'être sublime et désirable. Or, comme je passe mon temps à envier Joy, je ne suis pas fière de moi et je dissimule cette mauvaise opinion en la projetant sur elle.

Oui, nous ne rêvons jamais que de nous-mêmes. Cela vous semble difficile à croire ? Il suffit de comprendre que nous projetons sur la scène de nos rêves les mots, les sons, les couleurs qui nous permettent de *re-susciter* les émotions fortes que nous ne nous sommes pas autorisés à exprimer, car elles sont en relation avec un passé lui-même enfoui au plus profond de notre inconscient. L'interdit qui justifie ces refoulements du passé et de l'émotion, dans la journée, est parfois évident : une personne adulte se retient par exemple de pleurer en pleine réunion professionnelle. Mais il peut aussi être intime ou insaisissable, l'expression de certains sentiments – aussi justifiée soit-elle – s'avérant compromettante. Il en va ainsi de la haine que nous inspire l'épouse d'un supérieur hiérarchique qui se permet de modifier notre emploi du temps alors qu'elle n'est pas membre officiel de l'entreprise ou, à l'opposé, des pulsions amoureuses irrésistibles que réveille le frère à peine majeur de notre voisine de bureau !

Des projections parfois très complexes

Telles des scènes de théâtre sur lesquelles s'exprimeraient nos fantasmes, les rêves sont un terrain idéal pour débusquer les projections, aller à la découverte de notre vérité intime et... rendre à chacun ce qui lui appartient.

Mathilde a peur que sa fille Zelda ne devienne une voleuse. Celle-ci a en effet accompli un petit larcin dans la journée, en dérobant une image à un camarade de sa classe de maternelle.

Une nuit, elle rêve que Zelda est arrêtée par la police. Elle se réveille en sueur, affolée, à l'instant où les policiers s'apprêtaient à embarquer l'enfant. En hurlant, elle se lève pour arracher la fillette aux policiers – « très nombreux, *au moins cinq* », dit-elle –, et empêcher qu'ils ne l'emmènent. Elle se précipite au chevet de Zelda : celle-ci dort à poings fermés ; elle se réveillera une heure plus tard en pleine forme. Durant la journée suivante, Mathilde cajole tout particulièrement sa fille. L'enfant ne comprend pas cette prévenance maternelle inhabituelle.

Mathilde ne peut se retenir de *projeter* sur sa fille les restes du rêve, comme si Zelda avait vraiment été menacée. L'analyse lui permettra de comprendre progressivement que c'était d'elle, enfant, qu'elle avait rêvé. Elle avait en effet dérobé un jour une clef à ses parents, pour ouvrir seule un placard. Or, l'ayant perdue sans même avoir essayé de s'en servir, elle n'avait pu la remettre en place. Elle a toujours caché ce « vol », dont elle porte encore la culpabilité vingt-cinq ans plus tard. Dans son rêve, ce n'est pas elle la voleuse : la honte d'alors l'avait incitée à oublier ce mauvais souvenir, elle n'en a apparemment pas gardé trace. Cependant, cette honte tapie dans l'inconscient, accentuée par la crainte d'être découverte, s'est transformée en une incompréhensible culpabilité.

C'est cette culpabilité que Mathilde projette sur Zelda : la petite fille va bientôt avoir *cinq ans*, l'âge de Mathilde le jour où elle s'est souvenue pour la première fois de son forfait. Enfoui dans sa mémoire, il avait resurgi le matin de son anniversaire. Elle avait tenté de se persuader que cette faute appartenait définitivement au passé, mais celle-ci continuait à peser sur sa conscience. Fantasmant à l'idée que l'enfant ne la découvre « coupable », elle se décharge inconsciemment de cette culpabilité complexe sur sa fille.

Le risque eût été qu'elle ne s'adresse à Zelda comme à une vraie coupable et qu'elle s'imagine elle-même blanche de tout soupçon, comme elle a pu le paraître à ses parents durant les années où elle leur a caché son « forfait ».

> Émilie rêve que son frère David, qui a dix ans de moins qu'elle en réalité, est un homme âgé qui s'est fait lifter et en est très fier. Il exhibe son lifting sans honte, ce qui a le don de la révolter. Elle est choquée qu'il ait pu faire cela à son âge, choquée qu'il triche, choquée qu'il se pavane comme un jouvenceau... Dans son rêve, elle lui demande comment il a osé faire ça ; elle lui crie que c'est ridicule à son âge de se rajeunir, qu'il doit accepter de vieillir. Lui, en retour, la critique, se moque d'elle, plein de haine et de ressentiment à son égard, suite à ses paroles.

> Deux jours après, elle rêve que son frère s'est fait diminuer le sexe et qu'il est ravi de son opération. Elle-même se rêve en garçon, mais avec un tout petit sexe, un sexe masculin féminisé qui se voit à peine. Au réveil, elle ne comprend pas ce qui s'est passé, la réalité se confond avec le rêve. Grande sœur protectrice, elle s'inquiète pour David, comme s'il était en danger.

> Affolée, durant les heures qui suivent, elle craint qu'il ne se soit vraiment fait diminuer le sexe. Puis, elle se ressaisit et s'énerve mentalement contre lui, persuadée qu'il s'est vraiment fait lifter ou tout du moins qu'il est sur le point de le faire. D'étranges sentiments l'envahissent, elle enrage de plus en plus contre son frère.

Comment la projection fonctionne-t-elle ici ?

Émilie a eu peur de perdre sa place à la naissance de David. Son désir inconscient – être plus jeune que son frère ou être un garçon –, motivé par la rivalité, est refoulé car sa révélation serait *menaçante*. L'inconscient, nous l'avons vu, est rusé et prend des détours pour se faire admettre. Émilie dans son rêve projette sa peur sur David, mais en son inverse : le désir (d'avoir l'air plus jeune), comme si ce désir venait de lui. Au début de son analyse, elle a d'abord pensé que David avait envie qu'elle soit un garçon. Or, en racontant ses rêves, elle prend peu à peu conscience que c'est elle qui avait envie d'être à la place de son frère.

Le second rêve laisse entendre à Émilie qu'elle aurait envie de « châtrer » son frère, pour qu'il prenne moins de place dans la maison. Elle se met donc à la place du garçon jalousé sans que cela ne se voie, tout en restant une fille, c'est-à-dire en gardant sa place. Ici, ce n'est pas le frère qui a le fantasme de se faire diminuer le sexe pour devenir *plus fille*[1], comme le laisse croire une première lecture du rêve, c'est elle qui se rêve en garçon, « comme lui », pour bénéficier des privilèges dont il jouit et dont elle se sent lésée.

Associant les deux rêves, Émilie comprend à quel point elle a toujours eu peur que ce petit frère ne lui vole « sa » place dans le cœur maternel. Elle prendra peu à peu conscience de sa jalousie et de sa colère à l'endroit de David, puis découvrira son « envie folle » et sa crainte de procéder à un lifting.

---

1. Cela ne signifie pas que de son côté, son frère n'a pas ses propres fantasmes. Mais ce n'est pas sur lui que nous nous penchons ici…

Elle comprendra qu'elle projetait tout cela sur son frère, avant de constater que les causes de la jalousie qui l'anime ne sont plus d'actualité.

Elle s'apercevra qu'elle projette sur *lui* des sentiments qu'il réveille *en elle*, quand elle se compare à lui. Elle découvrira que sa colère ne s'adresse pas vraiment à lui, mais qu'elle est l'expression de l'enfant envahi par le désarroi quand il a l'impression d'être trahi et le besoin d'être protégé. Grâce à des prises de conscience progressives, elle renoncera définitivement à être ou devenir « un autre ». L'envie de se modifier, de se faire faire un lifting disparaîtra. À travers l'analyse des différentes projections, elle se connectera enfin avec ses sentiments véritables. Elle aura une meilleure conscience d'elle-même et finira par se sentir bien à sa place, sans imaginer que celle de l'autre est meilleure. Ses relations avec son frère en sortiront apaisées.

C'est le bienfait des rêves et de leur analyse que de nous mettre en contact avec notre inconscient et d'éclairer nos projections. Les peurs, les désirs, les fantasmes qui s'immiscent dans notre quotidien interfèrent dans la réalité et s'entremettent dans nos relations de façon invisible. Ils les faussent ou les influencent à notre insu aussi longtemps qu'ils passent inaperçus.

Les projections compliquées, comme celles que présentent les rêves d'Émilie, sont courantes chez les personnes hypersensibles, malmenées dans les premiers temps de leur vie, et qui ont dû « se torturer » pour se faire accepter. L'habitude de faire des détours, de se dissimuler, d'emprunter des

© Groupe Eyrolles

chemins de traverse pour gagner le droit d'exister, pour arriver à leurs fins, pour ne pas se laisser effacer, est ancrée en elles comme une partie de leur personnalité.

Le cas du transfert en psychanalyse

La projection est un des véhicules du transfert[1], ce processus essentiel à travers lequel la personne en analyse reporte consciemment et inconsciemment sur son analyste, en même temps qu'une attente de « guérison », les sentiments d'amour indispensables à l'instauration d'un climat de confiance.

L'analyste, qui se doit de rester neutre et bienveillant, n'a pas à répondre à cette demande d'amour, mais il doit en supporter les effets. Une fois le transfert établi, l'analysant se sent autorisé à exprimer non seulement ses désirs, son espérance, son affection, mais aussi toutes ses attentes, ses émois et ses sentiments de déception, de colère, d'amertume, de rage, d'agacement, de désespoir, d'inquiétude… soit toutes les expressions caractéristiques de l'enfant en lui, tel qu'il est sollicité dans le cadre de l'analyse. Le psychanalyste est mis à contribution en tant que parent potentiel supposé savoir ce qui est bon ou mauvais.

Dans ce contexte, la projection joue un rôle prépondérant. Le transfert, qui ne peut toutefois être résumé à cela, est

---

1. Pour une définition et une explication plus avancées de ce phénomène, voir les articles « Petits propos sur le transfert » et « Le transfert ? » sur le site www.psychanalyse-en-mouvement.net.

alors la somme des projections, positives ou négatives, de l'analysant sur le psychanalyste. Ce même phénomène peut exister entre deux amis, entre un médecin et son patient, entre un professeur et son élève, entre une pâtissière et son client, etc., mais il est ici exacerbé et concentré sur la seule personne du psychanalyste.

Ainsi l'analysant peut-il projeter sur ce dernier les sentiments qui l'animent à l'égard de sa mère ou de son père, mais aussi d'un frère ou d'une sœur. Il imagine en retour que l'analyste nourrit à son endroit les sentiments que cette personne a ou avait pour lui, et plus encore ceux qu'il croit, rêve ou espère susciter. Encore une fois, cela se passe au-delà des apparences, essentiellement sur la scène souterraine de l'inconscient.

> Lilou ne regarde plus son analyste du même œil. Elle éprouve depuis peu une forte appréhension avant chaque séance. Après une lune de miel de six mois, durant laquelle sa psychanalyste lui apparaissait comme le sauveur idéal, elle commence à lui trouver des défauts, à être agacée par chacune de ses interventions. Désormais, Lilou se demande si cette femme est « si bien que cela ».
>
> Ayant été à son écoute, l'analyste perçoit ce changement et l'observe, mais se garde d'en parler. Elle continue à rester l'écran neutre et bienveillant des projections de Lilou. Celle-ci interprète son silence comme un reproche, ce qui n'aurait pas été le cas un mois plus tôt. Durant plusieurs séances, elle ressent de l'énervement, de l'amertume, de la déception. Elle se demande même si elle ne va pas arrêter. Sur le point de prendre cette décision, la voilà bientôt qui s'inquiète et s'empresse de s'excuser auprès de son analyste. Elle craint d'avoir été trop loin et se sent coupable.

Quelques semaines plus tard survient un rêve qu'elle décrit en séance : sa sœur aînée, Muriel, était méchante avec elle et l'inondait de critiques. Elle lui reprochait de pleurer tout le temps et partait dans une autre chambre en laissant « la petite » tomber, sous prétexte que celle-ci avait dormi dans le lit « en hauteur ». Lilou savait que Muriel n'était plus dans la pièce, pourtant cette dernière se retournait brutalement contre elle et continuait à l'assommer de méchancetés. Lilou se sentait ensuite très seule, très malheureuse, car elle n'avait pas fait exprès de prendre le lit du haut. Elle se réveille comme abandonnée, accablée de tristesse, honteuse, n'en pouvant plus de cette « haine de sa sœur contre elle ».

L'admiration que Lilou porte à sa psychanalyste au début du travail correspond à la projection inversée de sa propre fragilité ; elle se stabilisera au fur et à mesure que Lilou prendra de l'assurance.

Le rêve nous apprend ici qu'elle projette aussi sur son analyste les sentiments de haine[1] qu'elle imagine que sa sœur a pour elle. Les reproches que cette dernière lui adresse dans le rêve entrent en résonance avec ceux qu'elle-même adresse en silence à son analyste. La psychanalyste comprendra que Lilou a peur d'être abandonnée, et que cette peur fait écho au sentiment d'abandon qu'elle éprouvait quand sa mère et sa sœur se désintéressaient d'elle lorsqu'elle était petite. Aussi préfère-t-elle anticiper sur l'abandon en se rendant désagréable et en imaginant arrêter elle-même son analyse pour éviter d'être abandonnée par « plus forte qu'elle ». Elle

---

1. Voir l'article « Amour... Haine... et psychanalyse » sur le site www.psychanalyse-en-mouvement.net.

se persuade par conséquent que sa psychanalyste est aussi
« mauvaise » que sa sœur l'a été envers elle, lorsque, petite
fille, Muriel la martyrisait.

Une analyse plus poussée de son rêve lui permettra de voir
que les sentiments qu'elle prêtait à sa sœur durant la nuit
étaient aussi ceux qu'elle-même en tant qu'« aînée » ressent
envers sa fille, depuis que celle-ci prend de l'indépendance.
Elle lui reproche d'ailleurs d'avoir « *pris de la hauteur* » !

La conscience de ce déplacement de sentiments et de ses
méfaits allège Lilou, désormais dégagée de la haine qu'elle
reportait inconsciemment sur sa fille alors qu'elle souffrait
d'avoir été, enfant, la cible d'une semblable méchanceté.

Le travail de Lilou a pu se faire grâce à la neutralité de la psychanalyste, qui a accepté de jouer le rôle d'écran et veillé à ne
pas prendre pour elle les sentiments qui lui étaient adressés.

* *
*

On peut dire que la projection est une façon de prêter à
l'autre – directement ou indirectement – ce que nous
aimons ou supportons le moins en nous, dans l'intention de
nous en libérer. Elle est donc le *déplacement* sur autrui, par
l'intermédiaire de nos émotions et de nos pulsions, de sentiments, d'idées, d'émois évocateurs de fantasmes que nous ne
pouvons reconnaître ni accepter comme étant les nôtres.

Ce mouvement psychique se met en place dès les premiers
temps de la vie et subit des transformations au fur et à
mesure que l'on avance en âge. Supportable dans bien des
cas, il exprime dans d'autres une difficulté à s'accepter qui

va de pair avec une fragilité initiale. Il se révèle alors le plus souvent comme la trace traumatique d'événements subis dans les premières années de la vie.

Déchiffrer une projection revient alors à se libérer des effets nocifs de ces souffrances inouïes qui avaient été enterrées par nécessité vitale. Ce déchiffrage nécessite d'admettre la notion d'inconscient et d'en accepter la complexité. Si bien souvent cette découverte nous désempare dans un premier temps, bouscule notre routine, et met à contribution notre patience, elle permet surtout dans un deuxième temps de découvrir une plus saine assurance et d'accéder ainsi à une meilleure affirmation de soi. S'alléger du poids du passé, à l'écoute de ses projections, permet de découvrir le plaisir d'être soi-même et d'oser exprimer son essentielle singularité, sans plus avoir systématiquement recours à l'autre pour se dissimuler ou se faire entendre.

La projection renvoie à la vulnérabilité enfantine première. Elle est l'expression inappropriée d'une recherche de sécurité. Aspirer à se débarrasser de ce qui entrave son développement est un mouvement de rejet naturel, quand on manque de force ou que l'on ne peut imaginer d'autres moyens de réagir. Cependant, apprendre à résoudre, en dépit des désagréments que cela comporte, les problèmes qui se posent à travers ses projections, plutôt que de toujours chercher à s'en décharger *sur l'autre*, permet de se renforcer plus justement et d'acquérir de plus saines résistances.

Être à l'écoute de l'enfant que nous avons été, et de ses premiers émois, nous réconcilie avec nous-mêmes.

Partie 3

En pratique !

Fruit de motivations inconscientes, la projection propose une interprétation de la vie complaisante qui nous incite à nier nos difficultés et à supposer chez d'autres des intentions et des sentiments qui sont les nôtres.

Reconnaître, comprendre et accepter la manière dont ce phénomène nous anime est essentiel, et son repérage vient faciliter notre avancée. Il n'est pas question de chercher à tout prix à découvrir nos projections, cela risquerait de devenir obsessionnel, mais de les saisir quand elles se présentent. Il est inutile également de dénoncer chez nos amis, nos voisins ou notre conjoint une perception erronée, même si elle nous semble évidente. Celui qui projette n'en a pas conscience sur le moment et ne peut ni ne veut rien entendre. Au mieux pouvons-nous seulement l'inviter avec tact à partager nos connaissances.

Ce qui suit n'est donc pas une incitation à la psychanalyse sauvage, mais une proposition d'enrichissement du quotidien par la compréhension de ce qui se trame en nous, à notre insu.

Une interprétation qui semble tirée par les cheveux hors contexte ne fera plus de doute dans l'intimité de la cure psychanalytique. L'effet libérateur qu'elle induit est en particulier la preuve de sa justesse. La venue progressive à la conscience de nos dépits amoureux, de nos peurs, de nos déceptions, de nos amertumes et autres manifestations enfantines, et leur soudaine évidence atténuent leur gravité. Que nous ayons été le siège d'une vive jalousie lors de la naissance du benjamin, que nous nous soyons alors sentis mis en danger étant donné notre vulnérabilité première ne fait pas de nous de « jaloux meurtriers ». Au contraire, libérés de certaines pulsions puériles grâce à la psychanalyse, nous voilà mieux armés et structurés pour la vie.

Il n'en va pas de même hors contexte psychanalytique, cependant un repérage bien mené peut être bénéfique s'il est envisagé comme un sympathique jeu de pistes… C'est ainsi que nous vous invitons à aborder cette partie du livre en étant réceptifs à ce en quoi elle fait écho en vous.

Il ne faut pas voir des projections partout !

En psychanalyse, la projection est venue à l'origine décrire des phénomènes observés chez des personnes atteintes de paranoïa, d'hystérie ou de troubles obsessionnels importants. Aujourd'hui, elle aide à comprendre des expressions de la personnalité qui nous animent tous, sans que nous ayons pour autant à nous considérer ou à être considérés comme gravement malades.

Nous l'avons vu, la projection se caractérise par le fait d'expulser des sentiments dont nous éprouvons (inconsciemment) l'irrésistible besoin de nous débarrasser, parce qu'ils irritent notre sensibilité. Ils ne sont pas tous ni toujours mauvais en soi, mais de notre point de vue subjectif, parce qu'ils sont contrariants, parce qu'ils provoquent de pénibles sensations de honte, de tristesse, d'agacement ou de dégoût, parasitent nos relations ou portent atteinte à notre idéal.

Alex épargne et n'en a pas honte. Il a intégré ce sens de l'économie comme un élément d'équilibre et de progrès. En revanche, son voisin Brice a mauvaise conscience lorsqu'il met de l'argent de côté. Élevé dans un milieu où règne la prodigalité poussée à la limite du gaspillage, sous prétexte de générosité, il est tenté de dissimuler son désir d'épargner, de crainte qu'on ne le lui reproche.

Il projette sur Alex les sensations désagréables que cela lui procure en pointant la « radinerie » supposée de son voisin. La honte et la crainte d'être « dénoncé » le rendent acerbe. Il s'en décharge sur un autre en le faisant passer pour avare, car il n'assume pas les sentiments que la notion d'épargne réveille en lui.

À l'inverse, nous n'éprouvons pas le besoin de nous défaire de sensations ou d'émotions plaisantes. Au contraire, nous avons tendance à les garder jalousement pour nous en nourrir amoureusement, et si nous les exprimons, c'est plutôt pour partager le bien-être qu'elles nous communiquent.

Par ailleurs, lorsque nous nous faisons l'écho chaleureux d'un ami ou d'un concurrent, ce n'est pas toujours pour déguiser notre jalousie, mais aussi parce que ses qualités nous laissent admiratifs.

Si nous avons été l'objet de suffisamment de reconnaissance tout au long de notre vie, nous sommes capables d'apprécier les qualités d'une personne, sans que cela ne déclenche en nous une avalanche d'émois suffocants. Nous ne sommes pas enclins à la remettre en cause, puisque son apparition ne *nous* remet pas en cause.

Néanmoins, nous avons pu le constater, projeter « le bon » revient souvent à projeter « le mal » en son inverse ! À moins de se fier aux apparences, une distribution d'éloges ne procède pas toujours des meilleurs sentiments. Le fait de magnifier l'autre peut révéler chez celui qui s'exprime un sentiment d'infériorité dont il aspire à se débarrasser ou de la convoitise déguisée.

Dans certaines circonstances, l'éloge, le compliment ou l'acte de charité viendront camoufler un sentiment pénible. Ainsi, une petite dernière censée être adulte peut chanter les louanges de tous les bébés du monde et tomber en admiration devant eux, afin d'étouffer l'exaspération que leur vision lui procure. On entrevoit ici une projection de sa jalousie et de son amertume à ne plus être le petit bébé au centre de toutes les attentions maternelles. Alors qu'elle est en âge d'être mère, on comprend qu'elle rechigne à quitter l'enfance et convoite les traitements de faveur des plus jeunes. En *admirant* un nourrisson, elle réveille l'*admiration*, et détourne à son avantage l'attention spontanément portée sur le bébé.

Les méfaits de la projection

Persécution, immobilisme, propension à s'illusionner, brouillage des pistes, abus d'autorité, tendance à l'esprit belliqueux sont autant de penchants sombres que la projection encourage.

Elle conduit à la persécution

Avec la projection, nous repérons chez l'autre ce que nous voulons y voir, et nous y croyons tellement que nous le forçons à y croire lui aussi. Par conséquent, nous le persécutons pour lui prouver que notre projection n'en est pas une.

> Sabine, jusque-là, était persuadée que son mari la trompait. Elle le racontait d'ailleurs à ses amies. Or, en vérité, elle trompait mentalement son mari, sans pouvoir le reconnaître et encore moins l'avouer. Se sentant coupable, elle projetait sa culpabilité sur lui. Elle en était arrivée à le persécuter pour vérifier ses doutes et obtenir des aveux, jusqu'à mettre son couple en danger. Elle courait donc le risque de détourner d'elle son époux, agissant comme si elle préférait qu'il la trompe afin de pouvoir dire à ses amies : « Tu vois, j'avais raison ! »

Ne soyons pas misogynes, toutes les femmes ne sont pas des persécutrices, et la persécution ne leur est pas réservée.

Quand un homme dit à sa femme : « Arrête de te prendre pour ma mère, je ne suis pas ton fils », c'est lui qui projette l'image mentale qu'il a de sa mère sur son épouse. Il cherche sa mère dans sa femme et fait tout pour la retrouver afin de rester un *fils*, sans se donner les moyens de devenir un *homme*[1].

Selon le même processus, un homme peut déclarer que sa compagne est frigide parce qu'il perd ses moyens face à elle. Le risque est qu'elle se conforme à cette projection en *se faisant* frigide, de crainte de perdre son mari ou bien d'avoir à reconnaître qu'elle a épousé un homme moins bien que celui de sa mère, c'est-à-dire impuissant[2]. Elle évitera donc de le contredire, afin que « sa » faiblesse – celle de son choix en réalité – ne soit pas révélée. Ayant projeté son impuissance sur sa femme, le mari se sent autorisé à jouir et faire jouir ailleurs. Néanmoins, il continue à persécuter sa compagne, en prétendant qu'il ne peut avoir de relation sexuelle avec elle *à cause d'elle*.

Ainsi, le paranoïaque qui se sent persécuté projettera ses sentiments sur l'autre et deviendra persécuteur, afin de prouver la véracité de ses projections, qui pourtant relèvent de son imaginaire.

---

1. Ce dernier verrait alors en sa femme autre chose qu'une mère.
2. Une fille aspire souvent dans un premier temps à faire mieux que sa mère et redoute de ne pas y arriver. Elle craint alors de découvrir que son homme est inférieur à celui de sa mère – qui est aussi son père –, que par ailleurs elle ne peut imaginer que *puissant*, et non *impuissant*.

Elle condamne à l'immobilisme

L'esprit fixé sur la personne qui alimente ses fantasmes, celui qui projette se distrait de la réalité par la pensée, imagine le monde à sa convenance et se cantonne ainsi dans l'immobilisme.

> Pierre fantasme qu'il va réussir avec Zélia ce qu'il n'est jamais parvenu à réaliser avec Isa. Pourtant, il n'a aperçu Zélia qu'une seule fois, lors d'un cocktail, juste le temps de la saluer. Peu importe, le seul fait de penser à elle lui donne des ailes : il a envie de révolutionner sa vie.
>
> Il se voit emménager dans une maison plus grande avec un jardin. Il est sûr que, dorénavant, c'est à la peinture qu'il va se consacrer, comme il en rêve depuis des années : il sent qu'il va devenir bientôt un artiste célèbre. Isa lui semble désormais insupportable et fait pour lui figure de frein. En revanche, il suppose à Zélia les forces qu'il n'a pas, et projette sur elle son propre sentiment d'*impuissance*, sous la forme d'une *toute-puissance*. Cette dernière, qu'il confère en imagination à Zélia, le conforte en retour dans son apathie.
>
> Ce faisant, il accable Isa de reproches, la méprise en la comparant à Zélia et ne fait rien pour déménager. Immobile, il contemple son rêve avec délice tel un film réjouissant... mais se contente de rêver !

Ainsi Pierre suppose-t-il chez Zélia le pouvoir de *réaliser son rêve*, et puise-t-il en Isa des excuses pour *ne pas le réaliser*, prétextant que c'est la présence de cette dernière qui l'empêche de progresser. Tandis qu'il brode son avenir en pensée, il a l'impression de bouger, même s'il reste en fait assis dans son fauteuil ! Prisonnier de forces inconnues qui l'empêchent d'agir, il ne parvient pas à considérer sa propre inaction, qui pourtant renforce son sentiment d'impuissance, à l'origine de sa tendance à projeter.

Elle incite à l'esprit belliqueux

Certains, sous l'emprise de leurs projections inconscientes, vont jusqu'à penser que c'est en supprimant l'autre – qu'ils rendent responsable de leurs maux – qu'ils supprimeront leur souffrance.

Les crimes passionnels liés à la jalousie illustrent bien cette idée : leurs auteurs tuent ou agressent l'objet de leur douleur, leur femme ou son amant, leur mari ou sa maîtresse. Pourtant, la suite de l'histoire prouve en général que l'auteur du crime ou de l'agression belliqueuse ne se porte pas mieux après l'avoir commis qu'avant.

Elle maintient dans l'illusion

À ne pas prendre conscience de nos projections, à nous laisser bercer par ce qu'elles nous donnent à croire, nous nous maintenons dans l'illusion. Avec elles, nous croyons ce que nous voyons, quand bien même ce ne serait qu'une vision de l'esprit.

Faisant écran à la réalité, nos projections nous empêchent de bien la percevoir ou nous éblouissent en nous promenant dans un monde parallèle illusoire. Et c'est pourtant bien souvent quand nous projetons, qu'aveuglés, nous sommes plus que jamais persuadés de voir juste !

Elle brouille les pistes
et encourage à l'abus de pouvoir[1]

> Jack, d'un air docte mâtiné d'ironie, déclare : « Les enfants sont tous des prédateurs. » Ainsi justifie-t-il ses interventions arbitraires qui lui permettent de décider si son fils a le droit ou non de garder pour lui les cadeaux qu'il reçoit.
>
> Jack projette aujourd'hui sa difficulté d'hier à supporter que d'autres aient du plaisir à recevoir. Petit garçon, son avidité le poussait à imaginer que tout lui revenait de droit, il se sentait frustré de devoir partager avec son frère cadet et avait, ce faisant, l'impression d'être volé. Il en veut aujourd'hui à son fils, comme il en voulait hier à son frère, et c'est au nom de son droit d'aînesse qu'il fait subir des brimades à son enfant. Sa position dominante fait passer son imagination projective pour une vérité établie.

Jack abuse de son autorité d'aîné et brouille les pistes dans la tête de son fils, en lui faisant croire qu'il est dans son bon droit et qu'il agit dans le sens de la justice lorsqu'il lui enlève des mains les cadeaux à peine reçus.

---

1. L'abus de pouvoir est le pendant de l'insécurité dans laquelle la projection nous maintient.

L'avantage de déceler ses projections

La prise en compte de nos projections nous permet d'agir indirectement sur certains de nos petits travers et sur leurs effets néfastes qui parasitent notre quotidien. « Démonter » une projection participe en effet à déblayer le chemin d'éventuelles embuscades.

Nous l'avons vu, les jeux de projection sont complexes. Ils nous incitent à déplacer notre intérêt sur l'inconscient de l'autre au détriment du nôtre, tout en brouillant les pistes, mélangeant les genres, confondant les sexes et inversant personnes et sentiments.

Qui se défend de son propre désir d'infidélité, en l'imputant sans preuve à son conjoint, évite de s'interroger sur ses propres motivations et détourne, ce faisant, son attention de son propre inconscient. C'est cependant d'abord sur lui-même que ce mécanisme le renseigne ; même si, par ailleurs, il peut prétendre à une certaine clairvoyance.

En considérant cette capacité à déplacer nos problèmes sur l'autre, nous cessons de nous donner des excuses, de nous mentir à nous-mêmes, de toujours prétexter des causes extérieures à notre malheur pour justifier nos appréhensions, notre inertie ou une prétendue incapacité à évoluer.

Au lieu de dire : « C'est parce qu'elle est jalouse de moi que... » ou « C'est parce qu'il est méchant avec moi que... », comprendre que c'est notre propre jalousie qui nous mine, ou que c'est notre méchanceté que nous supposons à l'autre, nous incite à ne plus nous cantonner dans certains comportements puérils. En d'autres termes, cela nous exhorte à grandir. Jaloux ? Méchant ? L'autre l'est peut-être. Mais nous occuper de nos propres sentiments nous rendra moins dépendants des siens ! Si sa jalousie nous encombre plus qu'elle ne nous flatte, n'est-ce pas la nôtre qu'elle nous renvoie en miroir ? Si sa méchanceté nous paralyse, n'est-ce pas qu'elle entre en écho avec notre propre agressivité ?

Une fois expulsée sur l'autre, notre propre détestation fait écran à nos autres sentiments. Envieux d'un frère ou d'une sœur, nous nous cramponnons aux défauts de la voisine, nous harcelons notre collègue, nous devenons obsédés par notre belle-mère, nous accablons notre conjoint de tous les maux, nous prêtons à notre beau-fils tous les défauts et pendant ce temps, nous délaissons notre enfant... Qui dit qu'ainsi aveuglés par nos projections, nous ne passons pas à côté d'un amour, d'une amie, d'un travail passionnant, de l'occasion de notre vie ?

Autant être attentifs à ce que nous ressentons, plutôt que de nous laisser périr faute d'avoir ce que l'autre a et que nous n'obtiendrons jamais – parce que c'est lui, parce que c'est à lui. Fille, je ne serai jamais garçon. Mes yeux bleus ne seront pas verts ; mon teint d'opale ne sera jamais mat. Aîné de la famille, il n'y a pas de raison que je sois en plus le cadet !

Si la présence d'une personne ou son apparition nous procure des sensations désagréables, autant nous centrer sur
celles-ci pour les apaiser plutôt que de nous négliger en
nous accrochant à ce que nous croyons être la cause de notre
tourment. Nous risquons d'y perdre notre énergie, alors que
cette personne n'est que le révélateur ou le prétexte apparent d'une blessure ancienne qui sommeille en nous.

La prise de conscience de nos projections est l'occasion d'une
meilleure adaptation à ce qui permet d'évoluer. En effet, des
ailes poussent plus facilement à celui qui se déleste du poids
de ce qui, dans son inconscient, le relie négativement au
passé.

Derrière une critique se loge souvent une difficulté à grandir, un besoin de rester encore dans l'enfance, c'est à leur
écoute qu'il faut aller. À découvrir de nouvelles aptitudes,
quitte à s'apercevoir en même temps que l'on n'est pas un
ange, on perd quelques plumes mais on gagne en souplesse.
Oui, à l'instar de tout être humain, nous sommes complexes
et ambigus, nous avons des envies bizarres parfois, et alors ?
Faillible parmi les faillibles, humain parmi les humains,
nous nous en ressentons plutôt bien.

Repérer ses projections

Sachant que les projections sont induites par des mécanismes inconscients, c'est peu dire que nous ne pouvons y avoir accès directement. La vie quotidienne, qui requiert efficacité et réactivité au détriment d'une démarche réflexive[1], ne favorise guère leur repérage. Ce dernier relève du domaine de l'introspection et nécessite un certain recueillement. Il dépend essentiellement de la connaissance que l'on acquiert de soi-même, aussi serait-il vain de prétendre fournir des méthodes types.

Pour détecter ses projections personnelles, il est donc recommandé d'apprendre à découvrir son fonctionnement intime et relationnel. Une initiation est bien sûr souhaitable et fortement conseillée à cette fin. En effet, mieux vaut ne pas chercher à décoder ses projections sans le soutien

---

1. On entend par *réflexif* le fait de revenir sur une pensée par la pensée, ou de revenir par la conscience sur ce qui se manifeste à la conscience. Dans l'interprétation et le décryptage psychanalytiques, on est appelé à revenir sur les manifestations de l'inconscient qui parviennent à la conscience, quand elles continuent à nous interroger et appellent notre réflexion. Ainsi la conscience se penche sur ce qui se manifeste à la conscience.

bienveillant d'une personne auprès de qui nous pouvons nous ouvrir en confiance. Elle nous aide à voir plus clair en nous, lorsque nos sentiments nous posent problème.

Quelques situations propices au repérage

Toute relation met plus ou moins en scène la projection, mais il est vrai qu'en cas de crise conjugale ou de conflit, notre propension à projeter augmente. C'est aussi le cas lorsque nous faisons l'objet d'un engouement subi, quand tout aussi soudainement une personne soulève notre enthousiasme, et chaque fois que nous nous sentons mis en danger, c'est-à-dire fragilisés ou déstabilisés physiquement ou psychiquement.

Les difficultés que nous rencontrons sur notre lieu de travail ou avec nos voisins exacerbent elles aussi les passions. Le trouble qui monte en nous, l'impatience, la saute d'humeur ou le mouvement impulsif signifient bien souvent que ce que nous ressentons n'est pas du seul ressort de la réalité présente.

Le désir et la frustration qui entrent en scène alors nous renvoient aux premières contrariétés enfantines. C'est l'occasion plus que jamais de penser à nous mettre à l'écoute de ce qui se joue en nous ou, autrement dit, d'être attentifs à l'enfant en nous[1]. Nous projetons comme M. Jourdain fait de la prose, sans nous en rendre compte. En ces instants particuliers où nous nous sentons mis en cause ou mis à l'épreuve, les souffrances enfantines aspirent à émerger et

---

1. Ce à quoi invite la psychanalyse.

viennent se confondre avec la réalité quotidienne. Nous avons alors tendance à revivre inconsciemment le passé et à le projeter sur le présent, tout en étant persuadés qu'il n'est pas impliqué. *Marquer un temps de pause personnel* pour démêler ces situations et essayer de faire la part des choses ne peut qu'être bénéfique et facilite par la suite une maîtrise plus sereine de soi-même.

De même, lorsque l'agacement nous gagne, nous risquons fort de projeter sur l'autre les sentiments indicibles et contradictoires qui induisent cet agacement. Il nous fait perdre nos moyens, et nous avons tendance à interpréter au premier degré ce qu'il nous fait ressentir. Aussi est-ce surtout en différé que nous réussirons à prendre conscience de nos projections, et par la suite seulement que viendra le temps de les démêler.

> May ressent fréquemment de l'agacement. Elle n'a pas conscience des frustrations intimes auxquelles celui-ci la renvoie, et ses proches font régulièrement l'objet de projections désagréables en lien avec cet agacement.
>
> Aujourd'hui, elle vient de rater son bus, et le suivant tarde à venir. Constatant qu'elle ne pourra être à l'heure à sa réunion de travail trimestrielle, elle commence par rendre responsable de son retard le conducteur du bus qui arrive enfin, et s'adresse à lui sur un ton fort hostile. Zelda, son assistante, fera elle aussi les frais de son énervement une bonne partie de la journée, subissant l'humeur de May sans en connaître les raisons.

Explorer l'inconnu en soi

La psychanalyse est une démarche personnelle qui exhorte à bien se connaître pour mieux se réaliser et évoluer parmi les autres. Elle est une invitation à explorer l'inconnu en soi. On ne peut tirer bénéfice de ses apports qu'en respectant cette règle d'or : ne jamais chercher à repérer chez l'autre ce que l'on n'est pas capable de repérer chez soi. Il en va ainsi également de la projection : pour que son étude permette de progresser, elle est à envisager sous l'angle de la subjectivité. Il est inutile de dénoncer chez un ami ou un parent ce dont on n'a pas pris conscience chez soi.

Une fois ce principe bien assimilé, nous pouvons nous demander ce qu'il en est de nos projections sitôt que nous sommes tentés de nier que certains sentiments nous animent ou que nous nous proposons de les prêter à d'autres[1] !

Lorsque nous commençons une phrase par : « Ce n'est pas que je ne l'aime pas, mais… », « Ce n'est pas que je n'aie pas envie de la voir, mais… » ; ou encore : « Je ne suis pas jaloux[2], mais… », il est fort à parier que notre inconscient s'apprête à nous jouer quelque tour, si nous nous obstinons à ne pas lui prêter attention. Pourquoi ne pas alors essayer de comprendre ce que nous inspire en réalité la personne en question ? Pourquoi ne pas se donner le temps de résoudre le problème que la jalousie nous pose ? Nous découvririons

---

1. Voir la section « Les sentiments tapis derrière la projection » dans la Partie II.
2. On pourrait remplacer « jaloux » par « raciste », ou la phrase entière par « Je ne me sens pas coupable/honteux, mais… ».

alors bien souvent que cette jalousie que nous nous apprê-
tions à attribuer à l'autre est bien la nôtre, et que le meilleur
moyen d'éviter de succomber à son emprise est de prendre
conscience qu'elle peut nous « chahuter » nous aussi.

Le travail sur nos propres projections nous fait gagner en
autonomie. Et c'est bien parce que ce faisant nous progres-
sons que, nous sentant davantage assurés et plus confiants *en
profondeur*, nous évitons peu à peu – comme naturellement –
les projections des autres. Nous ne sommes plus titillés par
l'idée paradoxale que nous devons les fuir à n'importe quel
prix tout en les pourchassant ! Les inévitables projections
du voisin ou de l'associé ont moins de prise sur nous. Nous
échappons également au séducteur qui veut nous prendre
dans les mailles de son filet ; au malheureux transi qui nous
rêve en improbable sauveur ; à la feinte indifférence ou au
réconfort inefficace de celui qui par ailleurs joue inconsciemment avec notre anxiété pour tenter en vain de se
rassurer ; au dirigiste qui veut nous plier à ses desiderata
sans prendre en compte les aspects de la réalité qui le
dérangent ; ou encore à celui que la jalousie mine et qui
cherche à exciter celle de son conjoint en le trompant !

Ce n'est qu'une fois notre propre capacité à projeter bien
admise que nous commençons à adopter spontanément la
juste attitude, celle qui aide à se soustraire aux méfaits et à
l'emprise des projections des personnes que nous côtoyons
quotidiennement.

Autrement dit, le meilleur moyen d'éviter les projections
des autres est de se mettre au clair avec les siennes. Nous

© Groupe Eyrolles

nous laisserons alors moins duper par cette propension naturelle et humaine, que ce soit la nôtre ou celle de notre voisin.

Chacun voit la paille dans l'œil de son voisin et non la poutre dans le sien. Lorsque nous nous apprêtons à pointer un défaut ou une erreur, à donner un ordre, à adresser un reproche, à énoncer une critique[1], prenons le temps de nous demander si nos remarques sont fondées. Ne s'adressent-elles pas d'abord à nous ?

---

1. À moins d'en avoir fait son métier !

Des effets de confusion révélateurs

Le phénomène de la projection prend tout son sens si on l'approche avant tout pour se comprendre soi-même. Dans ce contexte, son repérage nous offre une plus juste appréhension de mécanismes humains universels. Notre perception s'affine, s'éclaircit et nous entrons en connexion avec nos véritables motivations.

Ainsi, tout en parlant à Mike, c'est le prénom de Luc qui nous échappe ! Nous craignons que Mike ne soit vexé, nous nous en mordons les doigts, désolés pour lui de nous être ainsi trompés. Nous ne savons comment nous en excuser. Nous imaginons qu'il est vexé, comme nous l'aurions été à sa place. Il prétend qu'il n'y a pas lieu de l'être ? Il est probable cependant qu'il perçoive à ce moment-là que ce n'est pas à lui que l'on s'adresse, mais à ce Luc qu'il ne connaît pas et derrière lequel on l'efface.

En général, la situation est vite rétablie. Cependant, comprendre pourquoi notre frère Luc s'est ainsi imposé à nous profitera à la relation que nous entretenons avec tous les hommes et non seulement avec Mike !

> Alors que Mona vient de lui raconter ses peines de cœur
> avec Arthur, Lia s'écrie sans précaution : « Mais débar-
> rasse-toi d'elle ! De lui, je veux dire ! » Lia a projeté sur
> son amie son propre désir de se débarrasser d'une per-
> sonne.

Elle se souvient qu'à sept ans, elle s'était sentie abandonnée
par une baby-sitter qui s'était débarrassée d'elle pour flirter
avec un jeune homme. À travers ce que lui raconte Mona,
elle revit le moment où, après s'être sentie *en trop* auprès de
sa mère, qui l'avait confiée à la baby-sitter pour sortir avec
un ami, elle s'était sentie de nouveau *en trop* dans une histoire d'amour. Ayant entendu l'ami de la baby-sitter faire
pression auprès de celle-ci pour qu'ils soient seuls, elle avait
imaginé que celui de sa mère en avait fait de même.
Aujourd'hui, c'est elle qui fait pression auprès de son amie
Mona pour que celle-ci se « débarrasse » d'Arthur !

Lia réagit à sa difficulté passée en projetant sa rancœur sur
l'amant de Mona. Derrière sa réaction se révèle la fillette
fâchée de s'être sentie injustement exclue d'une histoire
d'amour. Mona devra écouter son cœur plutôt que les conseils
de son amie !

Ces « déplacements projectifs » entre amis ou en famille,
cadre dans lequel les sentiments sont exacerbés, apparais-
sent aussi dans la sphère des relations professionnelles.

> Camille n'apprécie pas son supérieur hiérarchique Théo B.
> « C'est un minable, une vraie lavette ! De toute façon, il
> me déteste… », confie-t-elle à son mari. Théo B. est plus
> jeune qu'elle, il lui rappelle inconsciemment son petit
> frère. En le dénigrant, elle essaie de donner une réalité
> objective aux sentiments qu'il réveille en elle. Les collè-

gues de bureau qu'elle cherche à convaincre ont du mal à la suivre dans ses récriminations. Son mari tente de la ramener à la raison et l'encourage à respecter la hiérarchie, mais elle le coupe en pleurant : « Tu es bien un homme ! Tu me dis cela parce que tu es vexé toi aussi. »

On perçoit qu'elle aurait voulu *vexer* Théo, ce garçon *plus jeune* qu'elle, comme elle-même s'était sentie *vexée* d'avoir été reléguée au second plan, dans le cœur de son père, à la naissance de son frère. Elle est en quelque sorte *vexée* de ne pas avoir *vexé* à son tour son supérieur hiérarchique et *vexée* que son mari n'abonde pas dans son sens ! Elle projette sur eux sa hargne envers ce *jeune* frère qu'elle aurait voulu éliminer et se persuade que son chef veut la renvoyer.

Dans une telle situation, le mieux serait d'encourager Camille à modérer sa réaction et à entrevoir ce qui produit en elle une telle animosité.

Projection et éducation

En tant que parents, nous pouvons dans un premier temps tenter de percevoir de quelle manière nous projetons nos sentiments sur nos enfants. Les exemples proposés dans cet ouvrage sont une invitation à une telle démarche. Dans un second temps, nous pouvons aussi les aider habilement à démêler leurs projections, non pas en leur disant « Tu projettes », mais en leur donnant des indications de conduite qui les dégagent de ce réflexe inconscient. Agir en ce sens présente cet avantage merveilleux d'apaiser les rivalités et de désamorcer les conflits. Chacun se sent mieux à sa place. Père ou mère, si nous occupons mieux la nôtre, sans (trop !) encombrer nos enfants de nos fantasmes, ils seront plus aptes à creuser, à créer, à affirmer la leur. N'étant plus gênés par le corps ou les sentiments que l'on calque sur eux, ils y gagneront en confiance.

Limitons les éclaboussures !

Toute mère a tendance à intercéder en faveur de son enfant.

> Tessa ne peut se retenir : « Fais attention, tu lui fais mal », s'énerve-t-elle contre son mari. Elle se rend désagréable en projetant sur lui sa propre capacité de mère toute-puissante à faire du mal à son enfant. C'est de cette idée insupportable qu'elle se débarrasse sur son conjoint.

> Tout en prétendant protéger leur fils, elle combat sa propre agressivité, en dénonçant celle qu'elle suppose ici à son mari.

Une grande fille peut agir de même.

> « Attention, tu vas le blesser », crie Éva à sa cadette, qui porte leur petit frère.
>
> Éva, qui aime à jouer à la petite mère, projette ses sentiments hostiles sur la plus jeune, qui lui a pris *sa* place. Elle les lui « prête ». Bien sûr, cela ne signifie pas que la cadette soit démunie de ce type de sentiments, loin de là.

Nous projetons bien souvent sur les plus jeunes les « éclaboussures » de projections que nous avons reçues de nos aînés. Le reconnaître permet d'intervenir de façon plus sensée et avec bienveillance auprès de son conjoint ou de ses enfants et d'anticiper certaines difficultés.

Qui a eu l'impression d'être rendu inexistant par la présence d'un autre connaît ce sentiment qu'est l'hostilité. Mais il a tôt fait de se l'interdire et de le déguiser en amour sous tout un lot de prévenances sitôt que cet autre surgit.

Attention, cela ne signifie pas qu'il faille faire la traque au signe suspect ou interpréter de façon péjorative le moindre geste tendre. Que des enfants bousculent de temps en temps un plus jeune n'est en effet pas dramatique, dans la mesure où, à l'inverse, nous ne les y encourageons pas ni n'en retirons une jouissance vengeresse.

L'agressivité derrière le geste tendre ou protecteur d'un père, d'une mère ou d'une grande sœur semble difficilement concevable ? Elle est pourtant fréquente ! C'est d'ailleurs la même que l'on retrouve chez un patron envers ses collègues ou ses employés, la directrice d'une institution envers son équipe, quand derrière des apparences doucereuses se dissimule une agressivité mal assumée. Nous sommes tous ici ou là l'incarnation d'une grande sœur ou d'un grand frère frustré(e) d'avoir été « détrôné(e) ». Soulignons-le une dernière fois, l'inconscient est rusé. Sa mémoire est infiniment supérieure à la mémoire consciente, et ses ramifications sans limites. De plus, il agit en douce. Toutefois, ses intentions ne sont pas si terribles que certains de ses effets le laissent croire. Une fois prévenus, nous pouvons parer à ces derniers et centrer notre écoute sur ce que notre inconscient cherche à nous dire *pour notre bien*.

En comprenant que nous sommes moins bons que nous ne voulons bien l'avouer et en reconnaissant nos faiblesses, nous devenons meilleurs.

C'est pas moi, c'est l'autre !

L'enfant qui peine à grandir accusera un frère, une sœur, un ami peut-être, d'être la cause de ses maux. Il ira s'en plaindre à ses parents ou à un professeur, attendant d'eux qu'ils remédient à son mal-être en agissant sur l'autre. Du fait de son jeune âge, l'enfant est naturellement persuadé que son malaise vient de l'extérieur, rien ne saurait le faire douter de cette « vérité ». Pour lui, c'est « vraiment » l'autre – dont l'apparition ou la vision réactivent la souffrance – qui est la cause de celle-ci. On dit qu'il projette son malheur sur l'autre.

L'enfant qui vient se plaindre demande en quelque sorte qu'on lui rende le plaisir enfantin dont il a été privé, « à cause de l'autre », avant que celui-ci ne survienne telle une réalité contrariante dans sa vie, son champ de vision ou sa famille.

À l'adulte de l'amener à prendre conscience progressivement qu'à la source de son mal-être se trouve un déplaisir personnel. Quelle que soit par ailleurs la réalité du comportement de l'autre[1] à son égard, l'enfant bien soutenu, une fois qu'il est conscient de sa part de responsabilité[2], est apte à découvrir comment alléger son chagrin grâce à des efforts bien ciblés. En effet, apprendre à supporter certaines frustrations[3] aide à développer en soi les forces nécessaires pour faire face à ce qui est perçu au-dehors comme de l'adversité. Accepter ce qui dérange, sans chercher à le détruire, encourage à utiliser son énergie et sa force créatrice à bon escient. L'enfant qui admet une réalité *a priori* déplaisante et ne projette plus son malheur sur l'extérieur se voit encouragé à inventer ou à découvrir en lui des réponses satisfaisantes. La réalité lui redeviendra d'autant plus clémente qu'il n'aura pas à s'avouer vaincu par elle et qu'il savourera alors le bénéfice de ses efforts.

À l'adulte de le soutenir dans cette démarche d'apprentissage. Aider un plus jeune à ne pas se sentir persécuté ou

---

1. Cet autre sur qui il projette. Il risque d'ailleurs de s'en rendre victime pour prouver son malheur.
2. Il s'agit bien de *responsabilité* et non de *culpabilité*.
3. Celles liées aux sentiments de perdre de l'importance, dans la mesure bien sûr où elles ne sont engendrées par aucun acte abusif.

impuissant à se défendre, sinon en dénonçant de supposées agressions[1], l'exhorte à ne pas gaspiller son énergie créatrice.

En contrepartie, il est probable qu'un enfant qui passe son temps à dire du bien d'un de ses amis projette en inverse les sentiments négatifs qu'il nourrit pour lui-même. « Elle est vraiment géniale » laisse alors entendre un lointain « Je me sens vraiment nul ». On l'encouragera subtilement à mieux s'estimer, sans qu'il n'ait plus à attirer l'attention sur lui par l'intermédiaire de l'autre.

À l'école

Pourquoi ne pas désamorcer aussi les conflits à l'école ?

Un enfant qui possède un « trésor » peut projeter sur ses camarades de classe l'envie qu'il éprouverait à leur place, et supposer qu'ils vont l'attaquer pour s'emparer de son bien. Sachant qu'il est *prêt à tout* pour le défendre, il imagine sa bande d'amis *prête à tout* pour le lui prendre. Sa crainte, perçue comme de l'animosité par ses camarades, est susceptible de déclencher leur agressivité.

> « Ils sont tous jaloux de moi ! » Hugo, cinq ans, justifie d'un air renfrogné son refus de jouer avec ses copains en affirmant qu'ils veulent lui voler son jeu vidéo.

---

1. Tel le paranoïaque qui n'a de cesse de repérer les causes de sa souffrance en dehors de lui pour prouver que tout le monde lui veut du mal.

> Sans doute Hugo a-t-il besoin d'apporter un jeu à l'école
> pour se rassurer et moins envier la force qu'il prête aux
> autres en contrepartie de son sentiment de faiblesse. Il
> s'imagine que ceux-ci convoitent le jouet grâce auquel il
> se sent plus fort, car lui-même envie leur force.

La maîtresse peut l'inviter gentiment à changer le projec-
teur de sens et à considérer sa faiblesse personnelle, non plus
comme un handicap, mais comme une tendance partagée à
divers degrés par tous. Rassuré, Hugo appréhendera moins
les réactions de ses camarades, il sera prêt à surmonter sa
peur et à écouter son envie de se joindre aux autres, non plus
par la médisance, mais en participant à leurs jeux.

Sans se substituer au psychanalyste ni faire la chasse à la
projection, il est toujours réconfortant de comprendre ce
que celle-ci met en lumière.

* *
*

Avec la psychanalyse, rien n'est si précieux que d'approcher
les mécanismes humains et les concepts qui les définissent
en les passant d'abord au filtre de sa propre souffrance, afin
de se désengager de celle-ci. Agir sur soi, pour soi est toujours plus profitable que de vouloir agir sur l'autre[1] ou à la
place de l'autre.

Prendre conscience de notre tendance à la projection ne
nous épargne pas de projeter. Seulement, nous projetons
moins, de façon moins anarchique et nous en sommes moins

---

1. Nous n'abordons pas ici les cas de maltraitance avérée.

dupes. Tenir compte de cette propension qui nous anime tous, en commençant par la nôtre, favorise la réalisation de nos désirs. En devenant davantage aptes à résoudre nos problèmes, nous sommes moins enclins à fuir les difficultés qu'ils nous posent.

Nous admettons mieux la complexité de l'être lorsque nous nous autorisons la nôtre. De ce fait, plus sincères avec nous-mêmes, plus cléments, nous avançons plus sûrs de nous. Nous inaugurons de nouveaux modes de relations, allégés du poids du passé. Mieux à notre place, mieux ancrés dans notre époque, nous nous accordons une nouvelle spontanéité.

La découverte de notre faculté personnelle à projeter est la voix royale pour mieux comprendre les projections des autres. C'est aussi le meilleur moyen de se protéger contre les méfaits éventuels de celles-ci, qui se font en effet moins menaçantes. Nous parvenons plus facilement à nous y soustraire, car nous découvrons des défenses mieux adaptées à chaque situation. Petit à petit, nous gagnons en souplesse, en légèreté, tout en développant notre créativité et en renforçant notre sentiment de confiance, dans la vie comme en nous-mêmes.

Conclusion

Toute projection est une interprétation. Toute interprétation risque d'être une projection... En psychanalyse, nous sommes – en principe – prévenus, c'est pourquoi nous manions l'interprétation avec précaution. C'est aussi pour cette raison que celle-ci se traduit rarement par des mots ; si elle l'est, c'est alors livrée avec tact et non assénée comme une vérité.

La lecture des projections est un appel constant à la prudence. Ce qu'elles mettent en relief est essentiellement lié à la peur de disparaître, d'être effacé ou écrasé, à la sensation d'être mis en péril, fragilisé, diminué. C'est pourquoi il aura été souvent question dans ce livre de rivalité inconsciente. Celle-ci se présentant et représentant comme une menace fantasmatique qui rappelle la mort possible, cette dernière aura aussi été plus d'une fois évoquée.

Les projections dévoilent notre part d'ombre. Leur observation nous attire dans les recoins obscurs de notre personnalité. Leur analyse commence par nous assombrir, pourtant, une fois écartée la peur de ce qu'elles révéleraient, nous nous sentons plus légers. La prise de conscience incite à mieux goûter à la lumière.

Ce livre et les quelques pistes qu'il propose ne prétendent pas initier à la psychanalyse. Il a cependant été pensé et conçu comme une invitation à partir à la découverte de ces phénomènes à la fois extraordinaires et pourtant courants que sont les projections. Le plus judicieux, pour aller au-delà et en tirer le bénéfice le plus profitable, étant d'oser cette expérience unique et enrichissante qu'est l'analyse.

La psychanalyse nous invite à ne plus chercher ni prétendre avoir trouvé les causes de notre malheur *à l'extérieur*, mais à trouver de préférence les solutions *depuis l'intérieur*. Elle s'avère par conséquent précieuse et, dans une certaine mesure, indispensable au bon fonctionnement du monde, quand s'il s'agit de rester sensible aux messages que l'inconscient nous livre à travers les maladies, les crises, les conflits, et autres expressions de notre humaine vulnérabilité. En cela, le repérage des projections participe au bonheur et à l'épanouissement de tous et de chacun.

Proposons une dernière mise en garde. La projection, nous l'avons vu, peut se faufiler partout, ce n'est pas une raison de la voir partout ! Mieux vaut éviter de tomber dans une paranoïa interprétative...

Bibliographie

Didier ANZIEU et Catherine CHABERT, *Les méthodes projectives*, PUF, 2004.

Paul-Laurent ASSOUN, *Psychanalyse*, PUF, 2007.

Nicole BELMONT, Catherine CLÉMENT, Monique DAVID-MÉNARD, *Dictionnaire de la psychanalyse*, Albin Michel, 2001.

Roland DORON et Françoise PAROT, *Dictionnaire de psychologie*, PUF, 2007.

Sandor FERENCZI, *Psychanalyse I, Œuvres complètes 1908-1912*, Payot, 1990.

Sigmund FREUD, *Abrégé de psychanalyse*, PUF, 1992.

Sigmund FREUD, *Cinq leçons sur la psychanalyse*, Payot, 2001.

Sigmund FREUD, *Introduction à la psychanalyse*, Payot, 2001.

Sigmund FREUD, *La technique psychanalytique*, PUF, 2007.

Sigmund FREUD, *L'inquiétante étrangeté*, Gallimard, 1988.

Sigmund FREUD, *Psychanalyse*, PUF, 1991.

Sigmund FREUD, *Résultats, idées, problèmes – tome II, 1921-1938*, PUF, 1998.

Sigmund FREUD et Sandor FERENCZI, *Correspondance Sigmund Freud et Sandor Ferenczi – Tome 1, 1908-1914*, Calmann-Lévy, 1994.

Jean LAPLANCHE et Jean-Bertrand PONTALIS, *Vocabulaire de la psychanalyse*, PUF, 2007.

Sami-Ali MAHMOUD, *De la projection*, Dunod, 2004.

Virginie MEGGLÉ, *Couper le cordon – Guérir de nos dépendances affectives*, Eyrolles, 2005.

Virginie MEGGLÉ, « L'attention flottante en psychanalyse », *Santé mentale*, janvier 2008, n° 124.

Juliet MITCHELL, *Frères et sœurs – Sur la piste de l'hystérie masculine*, Des Femmes, 2008.

Juan-David NASIO, *Enseignement de 7 concepts cruciaux de la psychanalyse*, Payot, 2001.

Donald Woods WINNICOTT, *Jeu et réalité*, Gallimard, 2002.